漢字가 答이다

21세기 신명심보감

漢字가 答이다

서재하 徐在河 편저

미래문화사

책을 펴내며

　본 교재는 '한자는 어렵다'는 고정관념 때문에 이 시대에 꼭 필요한 한자(漢字)를 쉽게 접하지 못하고 있는 사람들에게 길잡이가 되게 하고자 편찬했습니다.

　무슨 일에서든 기초보다 더 중요한 것은 없습니다.
　한자 또한 예외가 아니어서 부수(部首)가 한자의 기초 역할을 하기 때문에 그렇습니다. 부수만 잘 알면 한자에 있어 큰 공부는 다 마친 셈이 됩니다. 옥편(玉篇) 첫 장 첫머리에 부수(部首) 214자를 배치하게 된 이유도 바로 여기에 있습니다. 그러므로 한자의 기초가 되는 부수를 확실하게 익히지 않고서는 한자를 배우는 데 앞으로 알고 뒤로 빠져 나가버리는 실망과 좌절만 더해 간다는 것은 두말할 여지가 없습니다.

　한자는 과학입니다. 철학이고, 수학이며, 자연(自然)입니다.
　이미 세상에 드러나 있는 형이하학(形而下學)적인 모든 것들이 드러나 있지 않은 형이상학(形而上學)적인 이치와 자연으로부터 말미암는다(自無入有)는 의미와 함께 뜻글인 한자의 역할이 그래서 얼마나 중요한가를 알 수가 있습니다. 그래서 지금처럼 세상의 이치와 물정에 깊지 못한 학생과 젊은 청소년들에게는 뜻글자인 한자가 더없이 중요합니다.

　본서《漢字가 씁이다》에서는 세상의 모든 것을 다 풀어주고, 다 말해줍니다. 그래서 《漢字가 씁이다》로 책 제호를 짓게 된 것입니다.

　더불어 우리말, 한글이야말로 참으로 소중한 글입니다. 한글이 아니었다면 어찌 세상 온갖 만물들의 깊은 뜻, 깊은 이치를 다 표현할 수 있었겠습니까. ㅏㅓㅗㅜ(1. 3. 5. 7)는 천기를 본받아 맑고 밝고 가벼웁고, ㅑㅕㅛㅠ(2. 4. 6. 8)는 지기를 본받아 탁하고 어두우니 무겁고 찢어지고 흩어집니다. 차고(ㅡ) 비우는(ㅣ) 아홉(ㅡ)과 열(ㅣ)의 근본은 십전(十田)에 났습니다. 말도 이치, 글도 이치, 모든 것은 이치가 근본입니다. 기역(ㄱ)으로 땅을 덮고, 니은(ㄴ)으로 만물을 실으니 그 가운데 미음(ㅁ), 이응(ㅇ), 시(時)와 공(空)을 겸하였고, 그 사이에 사람[人]이 있어 만물의 주인이 되니, 한자는 우리 몸[ㅁ], 한글은 우리 혼[ㅇ]! 모두 같이 귀한 글입니다.

　본서(本書)를 일러 말한다면 감히 21세기 신개념 신명심보감(新明心寶鑑)이라 할 수 있습니다. 이는 한자를 통해 세상 모든 사리에 정통할 수 있기 때문입니다. 그리고 저마다 각자 나를 되돌아볼 수가 있기에 그렇습니다. 능히 사람의 마음을 바꾸고 세상도 바꿀 수 있는 본서가 뜻 있는 많은 분들에게 많은 사랑을 받고 읽혀질 수 있기를 바랍니다.

경인 8월

하하도인(下下道人)　근식(謹識)

목 차

자연(自然)은 선(禪)의 포대(布袋) 주머니입니다

중 선, 고요할 선,

터닦을 선, 자리전할 선

우리 모두가 본래의 자연(自然)으로 돌아가 사람의 본성(本性)대로 항상 웃고 춤추며 살아갈 수 있다면 얼마나 좋을까. 그래서 그 비결에 관해 선(禪)의 뜻을 알아보고자 하였다.

첫째, 선(禪) 가운데 홑단(單)은 자기가 두 눈(吅) 다 멀어져 버린 장님 자동차(車)라 했다.

왜냐고 물었더니 세상 밖의 온갖 유혹 앞에 눈감지 않으면 오히려 사망으로 달려가 낭패를 겪을 수도 있다고 하였다.

그러니 그(禪)는 언제나 하늘의 위대한 신(神), 즉 귀신기 [보일시(示)] 를 곁에 끼고 살아 간다고 했다. 위대한 신(神) 자연(自然)은 언제나 못 믿을 것이 없기 때문이라는 것이다. 그렇다면 귀신기[보일시(示)]의 말을 들어보자. 그(示)는 하나일(一) 밑에 아니불(不). 그(示)는 자기 나, 하나(一)마저도 부정(不)을 한다. 이유인즉 모든 것이 세상에 드러난 것보다는 드러나지 않는 참으로 없고(不) 참으로 아닌 것(不)이 참으로 좋고 기쁘고 아름답다는 것이다. 무슨 뜻인가? 자연이라는 도법밖에 더 참된 것은 없다는 말이다. 인류는 대자연과 한 몸이니 이 모든 의미들이 결국은 자기 나로 돌아와 여물지 않으면 아무 의미가 없다. 그래서 하나(一) 이전의 아무것도 아닌(不) 대자연으로 돌아가 언제나 불생불멸 소요자재하자는 것이 선(禪)자가 말해주는 깊은 참뜻이다.

사람(人)은 선(禪)의 아들, 자연(自然)의 응답자입니다

대답 응, 마땅 응

세상의 모든 대답(大答)은 각자 자기 자신의 심성(心性)으로부터 나온다.

돌집(广)에 갇힌 저 참새(隹)!

사람(亻) 곁을 못 떠나. 알고 보니 서로 관계, 사람들의 몸과 마음. 참새(隹) 그는 말 잘하고 사람(亻) 그는 생벙어리, 그 정체 알 수 없어 누구(誰)? 누구? 말하는데 일체유심추(一切由心隹), 하늘보다 위에, 그보다 더 위에 지천(至天)을 왔다 갔다, 하늘나라 일만소식 시시때때 응답(應答)을 해. 세상에는 군웅(群雄) 있어 자웅(雌雄)을 겨루는데, 모두 명리(名利) 묶여 있어 군내가 난다. 선후본말(先後本末) 못 가리니 세월 아까워, 다행히 이 책 만나 참새(隹) 맘(心) 알면 세상에서 첫째가는 대박이 날 것.

한자 자해, 이렇게 푼다

한자는 작은 손바닥 위에 올려진 대자연이며
백과사전이다. 한자를 정확히 이해하고 학습하는 것은
세상을 올바르게 이해하는 지혜이다.

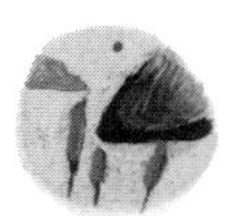

한자(漢字) 자해(字解), 이렇게 푼다
-개천[開天(一)] 벽지[闢地(一一)]의 원리에 근거

어느 누가 제집을 드나들 적에 방 문(戶)을 말미암지(由) 않는다 하였던가? 요즈음 시대처럼 삶이 외면(外面)에 치우쳐 내면의 참 나 사람의 본성(本性)을 잃어 버린 채 살아가는 현실은 참으로 위험천만하다. 하늘과 땅은 그들의 정도(正道), 자기 나(一)를 착실히 살아간다. 자기 나(一)란, 변함 없는 하늘의 섭리, 사람에게 있어 양심을 말한다. 그러기에 너와 나를 분별하지 않는 하늘의 섭리는 언제나 우주와 만물에 하나같이 그토록 고루고루 큰 덕(德)을 펼친다. 세상을 살아가는 데 하나(一) 둘(一一)이 갖는 이치에 대해 확실하게 공부(工夫)하는 것보다 더한 큰 공부도 없으리라.

하나(一)와 둘(一一)이란 곧 작게는 너(你)와 나(我)이고, 크게는 선천(先天)이자 후천(後天)이다. 선천의 수(數) 하나(一)는 모이고 뭉치고 합하여 고요하기를, 후천의 수(數) 둘(一一)은 이리저리 서로 흩어져 동(動)하기를, 이렇게 세상은 하늘과 땅의 법도를 본받아 존재하며 살아간다. 그리고 모든 만물이 평등하게 존귀하다는 것이 무엇이겠는가? 그 이치를 한자(漢字)에서 배운다.

진리(眞理)란 우리 모두의 큰 길이다.

언제나 옳고 곧고 누구에게나 공평한 것이기에 언제 어디서나 하나(一)는 마땅히 중심(人)의 정도에 서야 하고 둘(一一)은 그 좌우(从)에서 돕고 위하고 보살펴 온전토록 하는 것이 곧 하늘과 땅 만물의 삼위일체 품중협개공(品众劦皆公) 다섯 글자와 같은 평등의 원리다.

그러면 먼저 무엇이 옳고 바르고 정직한지를 잘 나타내고 있는 글자 곧을직(直)자를 보자!

먼저 직직(丨丨) 평평한 열십(十)자가 등장했다. 지혜 광명한 눈(目)이 등장했으며 하늘과 땅 만물의 근본이라는 하나일(一)자가 어우러져 곧을직(直)을 이루었다. 한자는 이처럼 한 획 한 획이 색성향미(色聲香味), 즉 색과 소리 그리고 향미를 의미한다.

다음으로 굽을곡, 또는 곡진할곡(曲)은 어떠한가?

에울위(口)자에 두 손 맞잡을공(卄)을 짝지었다. 우리의 몸(口)이 두 손(手)을 공손히 맞잡아 굽힘(卄)으로써 지극히 겸손한 예(禮)가 된다는 것을 나타낸 것이다.

또 다음으로 도(道)와 로(路)를 비교해 보자.

道!

하늘·땅 자연(自然)이 만물을 낳고 기르고 운행(運行)함에 바쁘고 힘들어 지쳐 쉬는 것을 보았는가? 그러므로 한자(漢字) 부수(部首) 쉬엄쉬엄걸을착〔辵(辶)〕자에 하늘 수 하나(━)와 땅 수 둘(‥)을 뜻하는 자(自) 위에 셋(䒑)을 더하여 우두머리(首) 되게 하고 이를 하늘과 땅 삼라만상이 모두 함께 가는 큰 길(大道), 길도, 이치도(道)임을 뜻하게 하였다.

다음은 길로(路)자를 보자.

길로(路)자는 말한다. 제 발(足)에 제각각(各)이라고. 그가 말하는 대로 발(足)은 누구나 제 발에 제각각(各)이다. 그러니 이 길(路)은 선천의 길(道)이 아닌 후천의 길(路)이다.

그러나 도(道)는 하늘과 땅, 사람과 만물, 만류가 함께 하며, 그것도 생(生)과 사(死)를 초월하여 영원히 가는 큰 길 대도(大道)의 길이다. 우리들의 머리(首) 영대(靈臺)로 살아가는 우리 인간 상사(上士)님들의 길인 것이다. 그러나 한평생 살아생전 죽을 때까지 잠시도 쉴 사이 없이 뛰고 걷고 달리며 심부름꾼으로 살아가야만 하는 길로(路)의 운명, 도(道)와는 감히 비교가 안 된다.

사람들아, 선택을 잘하라! 우리 인생 잠시잠깐이다. 꿈이요 물거품과도 같으니 여몽환포영(如夢幻泡影)이라 했다.

여기서 또 가치(**價值**) 두 글자를 보자.

가치(價值)를 말하자는데 값가(價)도 값치(値)도 사람(亻)을 빼놓지 않았다. 천지인(天地人)을 일러 삼재(三才)라 하는데 한 몸임을 뜻한다. 왜 사람을 첫머리에 놓았을까? 하늘과 땅도 높지만 천지간(天地間)에 사람(人)이 없으면 어떤 일이 되겠는가? 하늘(天)도 말이 없고, 땅(地) 또한 말이 없으니 그래서 사람에게 눈(目) 둘을 달게 하고, 귀(耳) 둘을 달게 하여 천지간의 주인(主人) 되게 한 것이다.

그러나 그와 같은 사람도 밖으로 열리고 드러난 눈, 귀, 코, 입만으로는 불완전하였다. 그래서 후천(後天) 세상에 알맞게 귀 둘(耳耳) 위에 선천(先天)의 제3 지혜 귀(耳) 하나(─)를 더해서 더욱 정성을 다해 위하고 받든다(卄)는 섭리(攝理)의 섭(攝)을 이룬 것이다.

지금까지의 이야기는 한자를 익힘에 있어서도 사람과 만물의 이치처럼 한자의 깊은 뜻과 그 정신을 알자는 것이다.

본론(本論)으로 들어가 가치(**價值**) 하면 사람(人)인데, 그 가치(貝)를 아무도 알 수 없게 덮어 감추(襾)었다고 한다. 참으로 귀(貴)한 것이여, 나는 값가[價(价)]라, 나는 값치(値)라. 사람 사람마다 이처럼 곧은(直) 마음(心)을 하늘(天)이 사람(人)에게 부여해주신 것이다. 심성(性)이요, 심덕(德)을 이르는 말이다. 열번 백번을 강조해도 우리는 하나(─) 둘(--)이라는 이기[理氣(↑)], 즉 성(性)을 빼놓으면 진정 그것은 자신을 벗어난 환상의 애기에 불과하다. 여기서 하나(─)와 둘(--)이란 하늘 아버지, 땅 어머니의 대명사격이다.

이 세상의 모든 것은 하나(─)와 둘(--)이 서로 합(合)하고 뭉쳐(**團**) 하나(─), 둘(--), 셋(☳ ☵)이 됐을 때 완전한 구족(具足)의 자리에 선다. 하나와 둘은 아버지와 어머니요 셋은 나이다.

세상은 이처럼 하나, 둘, 셋의 연속이며 반복이라 할 수 있으니 수학의 원리는 하나(━)와 둘(──)이며 셋(☳ ☷)이 마지막 답이 된다. 셋 가운데 모든 이치가 다 갖추어 있다. 그래서 모든 조화(調)는 태초의 말씀(言)을 중심으로 두루(周) 열리고 통하는 것이라 했고, 뭉치는 것(口)은 오로지(專) 잡(雜)되지 않은 참된 것으로 채워 이룬(團) 것이라 했으니, 곧 천년 만년이 지나도 변함이 없는 한 이치 우리들의 성(性)이요 양심(良心)이며 대자연(大自然)을 이른 말이다.

다음은 또 바르고 발라 범상치 않은 솥정(鼎)자, 솥 모양이라 할 것인가? 아니다. 솥(鼎)은 부엌의 조물주(造物主), 부엌의 어른이며 두목(頭目)이다. 모든 음식이 솥에서 만들어지니 음식을 제일 먼저 보는 것은 솥의 큰 눈(目)이다. 그래서 여기에 두 발을 나타낸 편장(片爿)을 달았다. 이 또한 1, 2, 3, 이(理)와 기(氣), 모두를 구족하니 솥은 가히 부엌의 창조주다. 다음과 같은 품중협(品众劦), 세 글자의 구성 원리와도 같다. 이처럼 잘 맞고 믿을 수 있으니 이치의 이러함을 증거함이다.

또 다음으로 코 좋으면 어떻다 했는가? 코비(鼻)자를 자세히 보자, 이것도 코 모양이라 할 것인가? 아니다. 한자(漢字)에 있어 상형(象形)은 이미 오랜 옛날 옛적의 일이다. 오랜 세월 동안 모든 한자는 거의 한 점(•) 한 획(劃)에서부터 신(丨) 주(•) 별(丿) 궐(亅)에 이르기까지 저마다 각자(各字) 그 뜻에 맞는 기호(記號)를 갖기에 이른 것이다.

특히 여러 한자 중에서도 코비(鼻)자 속의 비밀은 역대(歷代) 도가(道家)의 도조(道祖) 혹은 불가(佛家)의 불조(佛祖)와 같은 성인이 아니면 알 수 없고, 풀 수도 없는 만세(萬歲)의 숙제(宿題)로 남을 하늘의 큰 비밀, 천기(天機)가 감추어진 글자이다. 코비(鼻)자에 자(自)가 있으니 자연(自然)의 본래 자(自)요, 만사, 이(•)로부터 자(自)이니 눈

(目) 둘(⚏)에 점(•) 하나, 실로 자(自) 위에 어떤 무엇이 더 이상 없음이다. 그리고 밭 전(田)은 이로부터 말미암다유(由)의 중심(田)이며, 또 모든 사고(思考)의 근원처(根源處)이다. 코의 위치가 이쯤 되니 우리 얼굴 가운데 코(鼻)가 갖는 비중은 이만저만 큰 것이 아니다.

그래서 몸을 굽혀 읍(揖)하고 절(拜)을 할 때면 공손히 두 손(手) 맞잡아(廾) 코가 있는 중심 가까이 모아 올리는 법이다. 마땅히 높이 받들고 위하여 경례(敬禮)함을 나타낸 우리 몸의 자아(自我)가 자리 잡아 비조(鼻祖)라는 이름으로 명명(名命)된 코, 그래서 불가(佛家)에서는 가히 코를 이름하여 영산탑(靈山塔)이라 할 만큼 보물단지인 것이다.

여기서 우리가 한자를 통해 본 세상의 이치는 하늘과 땅 사람과 만물이 똑같이 진공묘유〔眞空妙有(참으로 빈 가운데 실상(實相)으로 존재하는 핵(核) 씨앗)〕 하나(━)의 근원(根源), 자연(自然)의 섭리(攝理) 속에서 한 조물주 어머니의 지음임을 깨닫게 하고 있다.

이제야 한자를 통해 세상의 이치를 알고 보니 너(━)와 내(⚏)가 만나 셋〔众(仒)〕 이룬, 크게는 대 우주(宇宙)의 이, 기, 상(理氣象)이요, 우리 몸의 정, 기, 신〔精氣神(상단전, 중단전, 하단전)〕 이며, 그가 바로 너, 나, 우리 세 식구(众)! 어제도 오늘도 이와 같은 이치로 천년 만년 1, 2, 3! 이(理)와 기(氣)는 곧 그가 삼위일체자 조물주(造物主)이다. 우리 모두 단합(仒)해야 깨닫는다(悟)함이 곧 이것 세 식구(仒), 아버지(━)의 기운과 어머니(⚏)의 기운이 만나 이루어진 우리(吾)이다. 우리(吾)는 본래 수, 화, 금, 목, 토 오행이라는 다섯 식구이기도 하다. 만약 이 법을 벗어나면 역천자(逆天者)이다. 마땅히 회(會)로부터 출발했으니 다시 회(會)에 도달해야만 한다. 이것이 하늘과 땅 만물의 동정(動靜)의 이치이다.

언제나 모이고 뭉치고(皿) 합함으로써 힘을 발휘한다. 회(會)는 그래서 그와 같은 뜻을 잘 나타내어 합(亼)하고, 뭉치(罒)고, 빛(日)을 낸다.

누구나 가볍게 지나치기 쉬운 하나(━)와 둘(--), 이(理)와 기(氣)의 오묘무궁(↑)함. 그간 우리들은 한자 그들의 소리에 너무도 소홀했다. 한자는 그 자체(字體)로 자연(自然)을 나타내고 이치를 말해주니 자연을 깨달아 알고 이해하는 것 이상으로 그 무엇을 더바라겠는가.

이제 세상을 대하는 우리들의 이목도 자기 실상 참 나(↑)를 빼고 저 멀고 먼 내 몸 바깥 세상 말단(末端)이 아니다. 누구나 나(我), 미생전(未生前) 나라고 하는 본래 날 낳게 한 뿌리, 근본, 원시, 자연 본래의 모습으로 되돌아가야 한다는 말이다. 자연의 자(自)는 시작도 끝도 없음이니 자(自) 위에 어떤 더 이상의 무엇이 없다고 하였다. 능히 만물과 만류를 다 꿰고, 다 뚫고, 다 통하는 눈(目) 둘(--)에 한 점(•) 큰 이치, 만사와 만물이 모두 이(亠)로부터 자(自)가 더해져 우두머리(首)가 된다.

지혜와 이치로 보고 배우고 깨닫는 한자, 먼저 하늘이 내려주신 나 하나의 성(性)을 알지 못하면 안 된다. 성(性)은 일체 생명(生)의 어머니이다. 이렇듯 성(性)을 알고 세상 이치를 깨달은 사람에게는 천당과 지옥도 둘이 아니다. 오늘은 지옥이고 내일은 천당이고가 없다. 아예 천당, 지옥 따위는 초월해버렸다.

이 말은 "우리의 몸에 하늘의 이치, 성(性)이 있으니 내가 곧 하늘이라는 말이다. 그러니 이화(理化)가, 도화(道化)가 모두 다 내 몸, 내 마음먹은 대로이다." 라는 뜻이다.

그래서 오직 나는 길이요! 진리요! 생명(生命)이다. 이는 주(主)의 아들 예수님의 말씀이기도 하다. 그럼에도 그간 바르게 가지 못했던 한자 교육에는 생명이 무시되어 버렸고, 주인이 무시되어 버렸다. 따라서 우리의 인성(人性) 역시 미혹되었다. 하나(━)와 둘(--) 이기(理

氣)는 곧 우리들 자신(性), 사랑(慈)이며, 양심(良心)이기에 우리 모두 나로 말미암는 자가 되렸다. 이것을 한자의 구성법 이일본전(理一本全), 이치 하나(一)가 본래 이러하였는데 기이중열(氣二中列), 시간이 지나면서 청과 탁(--) 두 갈래로 쪼개져 이렇듯 상삼말회(象三末會)에서 서로 만나(一)고 서로 흩어지는(--) 이치라는 것을 보았다.

생각해보라!

지금 당장 이 몸을 이끌고 지배(支配)하는 자 누구인가? 보고 듣고 생각하고 이래라 저래라 판단해주는 바로 그 주인공(主人公), 나와 가장 가까이 있는 자, 그가 곧 하나님(一)이 아니신가. 그것은 우리들 자신(自信) 곧 내 마음 내 정신 내 양심 자(慈)이고, 자(自)이며, 그가 곧 천성(天性)이다. 그러니 내가 왕이고, 주인이고 하나님이다. 이 얼마나 쉽고 가깝고 편리한가? 내 마음 내 본성 내 양심인 것을! 옛글에 전해오는 삼인동행(三人同行) 필유아사(必有我師)는 곧 모든 만물은 바로 하나(一) 둘(--) 삼위일체(☵ ☶), 이기[理氣 (1+2)]로 구성되었음을 이른 말이다. 하늘과 땅, 사람, 만물이 모두 진리 평등이다.

다시 빈천(貧賤) 두 글자에 있어서는 어떠한지 알아보자.

가난(貧)이란 귀한 재물(貝)을 아무 데나 마구 가치 없이 분산(分)시켜버린 것을 뜻함이요, 천(賤)함은 재물(貝)을 가득 쌓아(戔)놓고는 마땅히 쓸 곳에 제대로 쓰고 베풀지 않아 쌓아두고도 못 쓰는, 값없이 여김이다. 쌀 한 톨도 귀(貴)히 여기는 것이 복(福)을 아끼는 검소(儉素)함이다. 복(福)은 무엇보다도 건전한 정신에 신기(神氣)가 충만(畐)함이다.

한자는 이처럼 작은 손바닥 위에 올려진 대자연이며 백과사전이다. 한자를 정확하게 이해하고 학습한다는 것이야말로 세상을 올바르게 보고 이해하는 지혜이다. 특히 한자에 있어 자해(字解)는 한자의 세계, 한자의 마을, 그들의 가치이며 생명이다. 세상은 이제 껍데기, 허울, 겉치레, 허상을 인정하지 않는다. 이치를 알고 보면 세상이 어렵고 복잡한 것이 아니며 사람들이 어렵고 복잡한 길을 스스로 가고 있을 뿐이다. 이렇듯 세상을 배우고 깨닫는 것도 우리에게 많은 것을 요구하지 않는다. 한자가 곧 우리가 살아가는 세상이며 자연이다. 무엇 때문에 어려운 한자 속으로 들어가 헤매려 하는가! 한자에 있어 별자리는 단연 부수 214자이다. 한자 세계 한자 나라의 별자리 모두 일당백의 한자들인 것이다.

부수(部首) 214자를 중심으로 만들어진 본 책《漢字가 答이다》는 시대의 요청에 따라 세상에 처음 나온 의미 깊은 책이다.

다행히 이 책을 통하여 다시는 더 이상 알맹이는 빼고 껍데기만 인정하는 한자 교육이 되지 않아야 한다. 옛 성인께서 후세 사람들에게 간절히 전하고 싶은 긴요한 내용들을 이토록 한자(漢字)라고 하는 집을 짓고, 그릇을 만들어 빠짐없이 싣고 담아 오늘에 전해준 것이다.

이처럼 한자가 우리 인류(人類)의 삶의 일대(一帶) 큰 등불이 되도록 해주신 천은(天恩)과 사덕(師德)에 삼가 무한의 감사를 드려 마지 않습니다.

끝으로 여기 옛 도가(道家)에서 전해오는 좋은 문구(文句)가 있어 참고토록 했다.

一. 삼화(三花)를 취정(聚頂)토록 하라.

[三花는 우리 몸의 정, 기, 신(精氣神)이다.]

二. 오기(五氣)를 조원(朝元)토록 하라.

[오기(五氣)는 우리 몸의 수화금목토(水火金木土), 다섯 기운을 말한다.]

三. 백맥(百脈)을 조종(朝宗)토록 하라.

[백맥(百脈)은 우리 몸의 삼백육십여 골절, 온갖 기맥(氣脈), 혈맥(血脈), 신경맥(神經脈)을 말한다.]

이상에서 언급한 취정(聚頂)이나 조원(朝元), 조종(朝宗)의 의미는 한결같이 한 나라의 백성들이 위대한 한 분의 주인공을 향해 공손히 조배 드린다는 의미를 빌려 인용한 것이다.

하나(━)와 둘(━ ━), 즉 우리들의 몸과 마음이 조화를 잘 이루어 부음포양(扶陰抱陽)의 원만(━━ ━━)을 이루고 평화와 통일을 이루라는 뜻이다. 우리들의 몸도 알고 보면 정(精)과 기(氣)와 신(神), 세 식구〔众(亻)〕가 살고 있는 것이다. 이것을 우리 몸의 삼보(三寶)라고 한다.

하나(━) 둘(━ ━) 셋(━━ ━━)도 제대로 알지 못하는 바보 천치 같은 중생들, 하나와 둘을 모르니 제 몸을 낳아준 부모인들 어찌 잘 안다고 하겠는가.

하나(━)와 둘(━ ━)이라는 부모가 있었기에 셋(━━ ━━)이라는 아담과 이브의 완성된 열매 ‘나’가 있었다. 입으로 말하고 흰 종잇장 위에 그리는 하나(一) 둘(二)이야 누가 모르랴! 잘난 체 꺼들거리긴! 언제나 하나 둘 셋을 알아볼꼬?

바쁘긴 밤낮없이 무슨 일로 바빠. 뼈줏대가 없으니 앉고(坐) 서는(立) 것도 제대로 안 되는 주재(主宰)들. 서는(立) 것도 무리(無理), 앉는(坐) 것도 무리(無理), 언제 커서 철(節)이 들꼬? 언제 커서 귀(耳) 야물고, 눈(目) 야물어 보고 듣고 철이 들려나! 생각하면 세상을 이렇게 만들어 이끌어온 사회 전반에 짜증과 분노가 치민다. 어찌하여 백성이 쉽고 편하게 살아갈 수 있는 길을 막아놓고 힘들고 어렵게만 하는지.

내 이제 한자 덕(德)에 인연(因緣)이 되었나니 중생들아, 앉고 서는 좌립(坐立) 먼저 분명히 알라.

　하나(━) 둘(▬▬)만 잘 맞춰봐, 차렷이 되어야 '앞으로 가'가 되지 않겠나! 이것이 개천(━) 벽지(▬▬)라는 하늘(━)이 생기고 땅(▬▬)이 생긴 원리이고 이치이다. 세상사는 하나 더하기 하나, 만사(萬事) 툭툭 잘 열릴 것. 세상은 님[理氣(↑, 1+2)]의 덕이라, 세상은 님[理氣(↑, 1+2)]의 덕이라! 부모 덕 조상 덕이라.

　한자공부(漢字工夫), 자연 공부, 철학 공부 이해에 도움말 이상(以上) 여기까지요.
　어허(於許) 하하도인(下下道人) 말, 말, 말, 앞뒤 없었소.
　삼가 상상도인(上上道人) 여러분의 고견(高見)을 기다리오.

하하도인(下下道人) 근식(謹識)

TEL 010-9981-3648

부수(部首) 해설

부수를 알면 한자의 절반은 알아!
자해(字解)에 밝으니 세상 이치 툭툭!

한자 구성(構成)의 실제와 보편적 진리

이것이 홀짝(━, ━━), 삼위일체(☷ ☶) 이기[(理氣)1+2]론이다.
보라! 한자,

理	氣	三	四	六	=	品	众	劦	皆	公
이	기	삼	사	육		품	중	협	개	공
分	分	佐	佑	數	=	另	加	羽	比	半
분	분	좌	우	수		령	가	우	비	반

理(⊙)一(口) 本全	氣(☯)二(口口) 中列	象(⊛)三(品) 末會

한자의 변화와 운용

王	尢	犬	牛	辵	艸	爪	火	水	彐	川	示	人	老	長	心	歺	手	目	肉	刀	阜	邑
玉	尣	犭	牛	辶	艹	爫	灬	氺	彑	巛	礻	亻	耂	镸	忄	歺	扌	罒	月	刂	阝(左)	阝(右)

부수(部首) 명칭

부수	명칭	부수	명칭	부수	명칭	부수	명칭	부수	명칭
乙	새을	弓	활궁	氺水	아랫물수	立	설립	身	몸신
亠	돼지해밑	彐彑	터진가로왈	火	불화	歺歹	뼈알	車	수레거
人亻	사람인	彡	터럭삼 삐친석삼	灬火	밑불화	衤衣	옷의	辵辶	갖은책받침
儿	어진사람인	彳	두인변	爪爫	손톱조	竹	대죽	邑阝	(右)고을읍
八	여덟팔	忄心	심방변	爿	장수장	米	쌀미	酉	닭유
冂	멀경	扌手	손수변	片	조각편	糸	실사	釆	분별할변
冖	민갓머리	氵水	삼수변	牙	어금니아	缶	장군부	里	마을리
冫	이수	犭犬	개사슴록변	牛牛	소우	网罒冖	그물망	金	쇠금
刀刂	칼도	阝邑	(右)우부방	王玉	임금왕	羊	양양	門	문문
力	힘력	阝阜	(左)좌부방	礻示	보일시	老耂	늙을로	阜阝	(左)언덕부
勹	쌀포	小心	밑마음심	罒网	그물망	耒	쟁기뢰	隹	새추
匚	터진입구	戶	지게호	耂老	늙을로밑	耳	귀이	雨	비우
匸	터진에운담	支	지탱할지	艹艸	초두밑	聿	붓율	革	가죽혁
卩㔾	병부절	攴攵	등글월문	辶辵	책받침	舌	혀설	韋	가죽위
厂	민엄호	文	글월문	田	밭전	舟	배주	頁	머리혈
口	입구	斗	말두	疒	병질안	虍	범호밑	食	밥식
囗	에운담 큰입구	斤	저울근	癶	필발밑	虫	벌레충	馬	말마
土	흙토	方	모방	皮	가죽피	行	다닐행	骨	뼈골
夂	천천히걸을쇠	日	날일	皿	그릇명	衣衤	옷의	髟	터럭발밑
女	계집녀	曰	가로왈	目	눈목	角	뿔각	鬥	싸움각
子	아들자	月	달월	罒网	넉사밑	言	말씀언	鬲	오지병격
宀	갓머리	月肉	육달	罓网	그물망	豆	팥두	鬼	귀신귀
尸	주검시	木	나무목	矛	창모	豕	돼지시	魚	고기어
山	메산	欠	하품흠	矢	살시	豸	갖은돼지시	鳥	새조
巾	수건건	止	그칠지	石	돌석	貝	조개패	麥	보리맥
广	엄호밑	歹	죽을사	示礻	보일시	走	달아날주	麻	삼마
廴	민책받침	殳	칠수	禾	벼화	足	발족	鼻	코비
艹艸	초두	气	기운기밑	穴	구멍혈밑			齒	이치

부수 음독 외우기

어린이는 반드시 음독부터 암기합니다. (하루에 넉 자 여덟 자 기준 1개월 과정)

1일	두	면	아	멱	28p	엄	방	계	사	29p
2일	절	혜	삼	포	30p	신	주	별	궐	31p
3일	천	기	착	인	32p	치	쇠	위	인	33p
4일	복	유	요	알	34p	빙	역	소	발	35p
5일	호	표	이	각	36p	공	경	역	훼	37p
6일	장	왕	치	추	38p	혈	치			39p
7일	인	신	생	지	40p	신	심	모	아	41p
8일	언	효	음	행	42p	무	방	무	수	43p
9일	간	과	근	모	44p	주	차	궁	도	45p
10일	의	건	와	위	46p	우	양	어	룡	47p
11일	산	전	과	장	48p	화	마	제	고	49p
12일	신	감	향	문	50p	금	청	현	황	51p
13일	공	문	귀	진	52p	비	풍	이	비	53p
14일	부	노	자	녀	54p	호	구	사	씨	55p
15일	기	력	수	면	56p	수	족	조	골	57p
16일	이	목	비	설	58p	치	혈	피	육	59p
17일	멱	익	뢰	시	60p	정	구	두	비	61p
18일	궤	명	부	두	62p	혁	패	우	약	63p
19일	미	맥	서	식	64p	수	목	화	토	65p
20일	초	죽	구	창	66p	옥	석	고	각	67p
21일	일	월	대	소	68p	석	우	자	지	69p
22일	록	시	조	서	70p	맹	마	견	유	71p
23일	일	이	팔	십	72p	망	을	철	감	73p
24일	흑	백	우	적	74p	촌	입	변	색	75p
25일	읍	리	비	립	76p	곡	부	엄	혈	77p
26일	간	지	주	척	78p	로	천	흠	편	79p
27일	시	견	율	시	80p	용	복	왈	귀	81p

기초한자 부수(部首) 자해(字解)

꼭지 **두** (돼지해머리)	쥐〔子(主)〕 구멍에 별드는 날, 자(子)가 등장하는 때에 하늘이 열린다. 뚫리고 열린 곳에 뿌리는 깊고 열매는 영근다는 이치이다. 만사는 본래 쥐구멍처럼 그 누구도 알지 못하는 무지의 어둠으로부터 비롯된다. 자(子)가 어두운 마지막날 밤, 배부른 엄마 복돼지(亥)의 젖꼭지(亠)를 물고 태어난 것이다. 새날 새 아침 새 희망의 씨종자인 것이다. 자(子)와 해(亥)는 끝과 끝이다. 모자(母子)는 이처럼 너, 나가 분별 없는 철부지 어린아이(孩)이다. 성경에 나오는 태초의 말씀(言)도 그의 근본은 배부른 엄마 복돼지(亥)의 배를 빌어 나왔다 하여 언(言)에 해(亥)를 곁들여 마땅하다(該)고 했다.	亥 돼지 해
움집 **면** (갓머리)	모양 이치 맞고 옳고, 지붕이고 갓머리고, 좌우 맞춰 끝마무리, 한 점(丶) 중심 중요하다. 초가지붕 이엉(용마름) 같아 예나 지금 변치 않는 삼위일체[理氣(1+2)] 삼각(△)원리.	宅 집 택
덮을 **아**	대천대지(大天大地) 너른거리(冂) 하늘(一) 그를 주재해, 크게 덮고(一) 작게 덮고(一) 온 세상(冂) 온갖 것(凵)이 님(一)의 사랑 큰 덕(德)이라.	要 바랄 요 (긴요할 요)
덮을 **멱** (민갓머리)	까까머리 중대가리 반짝반짝 맨 대가리(一), 혹시 하고 벌이 앉아 연(緣) 닿으면 도통(道通)하리. 있는 것도 내려놓는 까까중놈 속알머리.	冥 어둘 명

굴바위 **엄** 민엄호	옛날 옛적 원시(原) 때에 마음 희고 (白) 몸이 작은(小) 사람과 동물이 함께 살았던 곳, 앞은 통해 열려 있고 뒤는 막혀 안전한 천연동굴 같은 굴바위 집이다. 우리 인류의 역사는 이런 곳(厂)으로부터 시작되었다.	原 근원 원 (언덕 원)
그릇 **방**	생명들의 거리(冂)로다, 움싹 돋는 입(凵)이로다. 물건 담는 그릇(匚)일세. 한 생각도 하염없어 차고 비고 무관일세. 감사하고 감사하고.	匣 상자 갑
돼지머리 **계**	셋삼(三) 빌어 지었으니 당당 일체를 구족하여 머리(彐)가 된 것이다. 하나(一)와 둘(一一)은 창조의 원리 공(工)이며, 이기(理氣)이다. 한자에서 계(彐)는 일만 가지 인연(緣)의 어머니(母)이다. 그 깊은 이치 못 헤아려 제사상에 돼지머리(彐) 올리고 양심 없어 소 잡는 일, 어허! 세상 사람들 복을 까먹는 일이로다.	多 많을 다
사사 **사** (나 사)	이 세상을 살아갈 제 두 눈 버려 큰 눈 뜨라. 분명 선(一)을 기준 삼고, 상상봉(厶)을 향해 가라. 한 생각이 잘못되면 하하(下下) 저곳(厶) 버려진다.	公 공평할 공

卩 마디 **절** (병부절)	외톨박이 반쪽 죽절(竹節), 너도(卩)있고 나도(卩) 있고 서로 같이(卯) 있어야지. 그래야만 길고(ㅂ) 넓게(卄) 서로 같이 되어간다.	叩 두드릴 고
匸 감출 **혜**	몸(匸)은 몸은 낮추어라. 구부려(ㄴ)서 감추어(匸)라. 꺾여져야 마음 편코 구부려야 덕이 된다.	匹 짝 필
彡 털자락 **삼** (삐친석삼)	어느 누가 털(彡)을 세랴, 흙 모래를 세어보지! 과거 현재 미래 셋, 그래 삼 〔三(彡)〕은 최고지. 이기(理氣) 홀짝(一, ━━) 모두 갖춘 셋삼 빌어 이룬 글자.	參 셋 삼
勹 쌀 **포**	둘(=) 맘 맞아 하였으니 그 무엇을 못 지으랴. 너와 나 서로 마음 맞춘 인(人)을 빌어 이룬 글자.	包 쌀 포

![丨]	곧고 곧아 발랐으니 천지(二) 통해 우뚝 섰고, 만사(萬事)에 중(中), 만사(萬事)에 반(半), 어디라도 대공무사 동과 서를 다 통하고, 어디라도 이로우니, 네(丨) 근본은 하나일(一)자.	半
작지 **신** (샘대새울곤)		절반 반
![丶]	그 누구도 알 수 없는 백호광명(白毫光明) 최첨단(最尖端)은 오상(五常) 중에 신(信)입니다. 그가 태초 말씀(言)이사 높을고(高) 위 꼭지(丶)시고, 왕(王)자 위의 머리(丶)로다. 백천만억 온갖 것이 이(丶)로부터 말미암다. 일점심(一丶心)에 인(印)을 치오.	主
표할 **주** (귀절점찍을주)		주인 주
![丿]	길게 내려 턱수염[須(丿)], 짧게 올려 닭벼슬(丿), 짧고(丿) 길게(丿) 자유롭고 동에 번쩍 서에 번쩍 전후좌우 안 가리네. 네(丿) 근본은 하나일(一)자.	舌
삐침 **별**		혀 설
![亅]	괭이 같고 호미 같고 농부님네 일손 같아. 농부 일손 소 같으니 자연 이치 따르는 것, 동분서주 신(丨), 주(丶), 별(丿), 궐(亅) 바쁘구나 정말 바빠. 우(于), 아(牙), 소(小), 정(丁), 님(亅) 덕일세.	事
갈퀴 **궐**		일 사 (섬길 사)

내 **천** (개미허리)	길(路)은 길어 장사(長絲) 같고, 내(巛)는 생명 혈류(血流) 같고, 어디라도 적(敵) 없으니 좋고 좋고 삼삼(三三)하고, 쉬지 않고 흘러흘러 굽이굽이 개미허리.	**巡** 돌 순
기운 **기**	별(丿), 이(二) 합해 이기〔理氣(1+2)〕 짱! 새을(乙) 더해 기(气) 이루어 날아가듯 기고만장(氣高萬丈). 을시구(乙矢口)나 절시구(寺矢口)려, 이기일이[理氣(1+2)] 조화주.	**氛** 기운 분
쉬엄쉬엄걸을 **착**	하나, 둘, 셋(彡) 받쳤(辶)으니 만고태평천(萬古太平天), 네(彡) 있는 곳 진리랬다, 어떤 무엇 부족하랴. 삼삼(三三)은 구(九) 가득 차서 하늘 걸음 땅의 걸음, 가는 건지 마는 건지, 주(走)와 네(辵)는 통하지야.	**道** 길 도 (이치 도)
걸을 **인**	하나(乀)에 둘(彡), 둘(彡)에 하나(乀) 뗄 수가 없네. 천일삼(天一三), 지일삼(地一三), 인일삼(人一三), 모두 삼(三)을 갖추니 진리, 평등, 이기(理氣) 이뤘네. 셋삼(三) 빌어 이룬 글자.	**廻** 돌아올 회

夂	형(兄)은 앞(夂)에 아우(弟)는 뒤(夂)에, 치쇠(夂夊) 두고 하는 말. 뱁새걸음(夊) 황새걸음(夂) 홀(丶) 짝(夕) 맞춰 지었다오. 셋삼(三) 빌어 이룬 글자.	冬
뒤져올 **치**		겨울 동
夊	치쇠(夂夊) 둘은 길고(夊) 짧고(夂), 동하(冬夏)에서 널 보았지. 세상을 살아감에 너, 나 모두 자신 알라. 홀수는 동(動), 나고 들고. 짝수는 정(靜), 자리 지켜.	夏
천천히걸을 **쇠**		여름 하
口	동서남북 너른 땅(口) 사방 막힌 저 담벽, 저 안에서 온갖 별일. 그래 봐야 틈새 긴 땅 답답해서 숨통 터져. 저 울안 편하려면 서로 겸손 서로 양보, 하늘(O) 그(口)를 지배하니 경천지(敬天地)를 안 잊어야.	回
에울 **위**		돌 회
儿	하나 둘, 한나 둘, 잘도 걷는다. 둘(儿)은 서로 앞뒤 맞춰 어김이 없다. 윤원형(允元兄)이 날 보라네. 잘나간 일꾼이군. 인(人)을 빌어 이룬 글자.	兄
어진사람 **인**		맏 형

攵 칠 **복**	점복(卜) 밑에 또우(又)자, 점(卜)을 치고 또(又) 점치고, 갑자을축 헤아리고 1, 2, 3을 세어간다. 치고 치고 또 치면은 거친 일도 고와지리.	政 정사 정
内 자국 **유**	보라! 욕망의 저 거리(冂)를, 잘 가면 자유해방(甬), 잘못 가면 미혹의 길. 미(厶)한 것이 중생이여, 저 거리(冂)를 벗어(亠)나라.	离 남방 이
幺 작을 **요**	인생살이 망망대해, 어떤 사람 위(亠)로 위(亠)로 정상(幺) 이르고, 어떤 사람 아래(厶) 아래(厶) 허리 잘린 실타래, 꼬리표만 달랑(糸)달랑. 언제 희망 있을꼬.	玄 검을 현
歹 살발을뼈 **알**	어제 핀 꽃 오늘 보라! 우리 인생 그와 같아 하루(一), 밤낮, 일생(一生), 일대(一代), 변화가 무쌍. 하룻(一)날도 저녁(夕)이면 뼈(歹) 묻힌 듯 고요해져.	死 죽을 사

얼음 **빙**	물(水)의 본성 원만하여 첫째자리 삼수(三水) 놓고, 물(水)이 변해 얼음(冫) 된다. 둘째자리 이수(二水)라 해.	冷 찰 냉
병 **역**	하늘 주신 분수외 것! 큰 것(厂) 두고 모두 쓸어! 분수 지켜야 욕되지 않네. 병든 가면(丶冫) 탈 벗으라.	病 병들 병
발 **소** (짝 필)	족소아정(足疋疋正) 한 핏줄. 오직 그 곳(口) 그 자리(一), 염염 불이심(念念不離心), 조심하라(一), 신중(止)하라. 그것 쫓아 그곳 향해 생래사거(生來死去) 이어진다.	疑 의심 의
갈 **발** (필발머리)	일(日)자 반형(彐)에 월(月)자 반형(乚), 좌우 두 날개(癶)를 뜻하였다. 하나(一)와 둘(二)은 일체양면, 대대(對對) 상대(相對)는 드러나 보이고 하나(一), 절대(絶對)는 감추나니 이것을 이치라, 신이라 한다. 보이는 것이 안 보이는 것으로 말미암는다.	發 일으킬 발

범 **호**	범호(虍)자에 일곱칠(七) 범상치 않아, 열십(十) 변형 일곱칠(七) 진리의 상징, 복(卜)은 헤아리고 ㄱ은 조심, 함부로 안해. 범(虎)은야 백수의 왕(百獸之王), 산중의 군자(山中之君子).	處 곳 처 (처리할 처)
털 **표**	길다(長) 길다 털(彡)이 길다. 한국 여성 댕기머리, 길다(長) 길다 한국 남성 턱밑 수염. 오랜 전통 한국 역사 반만년.	髮 털 발
근본 **이**	태초에 하늘이 물을 내렸으니 천일생수(天一生水), 세상은 물(水)이 근본(彐)으로 물이 세상을 길러낸다. 지금 세상 물 나쁘니 물이 세상을 병들게 해. 사람마다 집집마다 물(水)이 보배라! 물 없으면 세상 끝.	康 편안할 강
싸울 **각**	같은 거리(冂) 이쪽저쪽 임금(王) 둘이 서로 버텨, 임금님 열이라도 맘만 같아라. 너, 나 모두 임금이면 어떤 무슨 일 있겠나!	鬪 싸울 투

廾 손맞잡을 **공** (스물 십)	하나(一)와 둘(ニ. 人) 헤아리면 그것 답(答)이래, 인(人)을 배우게! 일월이 합명(日月合明)하고 상하가 합정(上下合正)하고, 너(十)와 나(十)를 안 가리면 동서(東西)가 하나(廾).	**共** 한가지 공
冂 멀 **경**	옛날 옛날 한 옛날엔 거리(冂) 거리 텅텅 비어 이 땅(口) 주인 성인께서 천명(天命) 받들고, 너를 나를 구별 말고 한 몸(同) 되어 살으랬다.	**周** 두루 주
鬲 솥 **역**	아궁이 떠난 솥이 무슨 의미 있겠나! 경(冂)으로서 화구(火口) 아궁이, 그 위에다 솥(曰) 얹고 아래하(下)로 문 단속, 언제나 안전 제일.	**隔** 간격 격 (오지벽 격)
虫 벌레 **훼** (벌레 충)	입구(口) 안에 반 써이(以) 뜻, 그도 자연 한 생명, 입 써(以) 먹고 산다네. 이해(利害) 앞서 너, 나, 둘, 한 몸! 살기 위해 입 있으니 함께 누릴 밝은 세상. 미물이라 미워 마라.	**蠶** 누에 잠

爿 조각 **장**	솥정(鼎)자를 볼 일이다. 편장(片爿) 둘이 일목(一目) 위해 협력을 하고, 인(仁)자 중에 두 사람(二人)도 서로 마땅타. 세상이란 예나 지금 더불어 산다.	壯 장사 장 씩씩할 장
尢 굽을 **왕**	왕(尢)은 본래 삼형제 대장왕(大丈尢)인데, 대(大)는 견요(犬夭) 살림 늘고, 왕(尢)은 그 뒤 욱(尤) 낳으니 절세(絕世)는 면해. 큰대(大) 빌어 이룬 글자.	尤 버릴 휴
豸 발없는벌레 **치**	보라! 벌레만도 못할까? 미물도 기특해라. 제 몸 낮춰 머리(⺈) 묻고, 발도 감춰(勿) 세상에 눈감은 자, 자연으로 돌아갔네. 여기 보소 표범표(豹)자! 한 생각 바꾼 덕에 개 팔자가 상팔자 된 격일세. ※ 獬신통한양해치	貌 모양 모
隹 새 **추**	처마 끝(簷)에 보금자리, 보리수 밑 집 지었지. 주(住) 가져다 추(隹)라 했네. 인성(人性) 일러 참새라 하고, 그가 세상 응답(應答)을 한다. 우여(愚汝)우여 이름지었네. 난, 널 믿어 찍짹(直作)찍짹 유유유(唯惟維). 셋 뜻이 깊다.	崔 높을 최 (성 최)

頁 머리 **혈** (마리 혈)	만사만물 일(一)로부터(自), 주목(注目)하라 열중(十中)하라, 그 가운데 하나 있어 열, 백, 천을 거느린다. 나뉘었(八)다 돌아가(一)니 본말(本末)이르고.	頭 머리 두
黹 바느질할 **치**	인생살이 하는 것이 업대(業對) 둘을 못 벗어나. 이리 대고 저리 대고 흡사 바느질, 길고 짧고 한 바퀴 다시 말부합(末復合), 점점(點點) 선선(線線) 이어이어(彐), 시(始)와 종(終)이 한자리(↑)에.	弊 해질 폐

人 사람 **인**	세상만사 빼기 더하기, 사람(人)처럼 지었다오. 사람(人) 배워요. 하늘(O)과 땅(口) 본받으니 만물의 영장(靈長), 서로 돕고 의지하니 길이길이 만만세(萬萬歲).	從 좇을 종
臣 신하 **신**	감출혜(匸) 속 그릇방(匚), 위아래로 툭툭 열려 서로 뜻이 상통(丨)하니 만사가 형통(亨通).	堅 굳을 견
生 날 **생** (살 생)	이 땅(一)에 살려(生)거든 소(牛)를 배우라. 희생, 봉사, 일무소유(一無所有) 인성(人性) 이른 현빈(玄牝)일세, 힘들어도 마다않고 목숨까지 모두 바쳐. ※ 牝 암컷소빈	笙 피리 생
支 지탱할 **지** (지출 지)	열십(十) 밑에 또우(又)자. 열(十)열(十)해야 안전 안전 잘 버티어. 저 열(十) 속 안 일점영규(一點靈竅) 만물만류(萬物萬類) 가치일세.	肢 팔다리 지

身	상반신(上半身)은 자아영성(自我靈性), 하반신(下半身)은 영성의 집, 몸은 재주(才)꾼, 천지 있는 모든 것 우리 몸에 다 있어.	體
몸 **신**		몸 체
心	자세히 보면 사람 얼굴(心)! 눈 둘(ㅡㅡ)에 점(•) 하나(ㅡ). 한 점(•)으로 주장 삼고 밑은 받쳐(ㄴ) 좌우 호위(ㆍ ㆍ). 영항(永恒)의 진리, 세계 중생 다 달라도 마음(心)은 하나. ※삼태성하반월촌(三台星下半月寸)은　마음심(心)자 이르는 말.	必
마음 **심** (염통 심)		반드시 필
毛	동물들은 손(手) 없지만 꼬리(尾)가 있어 주인 보면 반갑다고 살랑살랑, 그것 바로 사람 손(手). 손수(手) 빌어 이룬 글자.	尾
털 **모**		꼬리 미
牙	앞니는 자리 좋아 세상 가깝고, 어금니는 구석진 곳 숨도 막힐 것(또), 그래도야 큰일 하는 어금니, 일등(ㅡ) 재주꾼(才).	芽
어금니 **아**		움 아

言	언(言)에 이치 담았으니 말씀대로 세상 되다. 두(亠)는 이치 나타내고, 이(二)는 기(氣)를 나타내고, 구(口)는 형상 나타내니 언(言)에 삼보(三寶) 정기신(精氣神), 말(言)은 귀천금(貴千金).	爕
말씀 **언**		빛날 섭
爻	십(十)자 흘려 예(爻)이루니 십(十)은 본체(本), 예(爻)는 말용(末用), 이리저리 어우러져 이화(理化) 도화(道化) 천변만화.	爾
사귈 **효** (점괘효)		너 이
音	떴(立)다 떴다 해(日)가 떴다(音). 세계가 반겨 효자 낳고 충신 낳고, 사람들 희망. 소리(音)야 소리야, 언제라도 곱고 고와라. 때마침(竟) 기회 오면 잘 나간 일꾼 발(儿) 달아주마.	竟
소리 **음**		마침내 경
行	좌우(左右) 알라, 본말(本末) 알라, 위(上) 아래(下) 알라. 세상 이치 이같음을 익히 알아야. 인력(人力) 삼분(三分) 천력(天力) 칠분(七分), 모든 제행(諸行) 원만하리. 척촉(彳亍)이 좌양우음(左陽右陰), 세상 이치 이와 같아.	街
다닐 **행** (가게행,항렬항)		네거리 가

毋	모(母)는 뱃속 자식 갖고 무(毋)는 아직 애(子) 못 가져(×) 아직 아직 금남(禁男)이래. 여(女)자 빌어 모무(母毋) 이뤄.	拇
말 **무**		엄지손가락 무
方	세상천지 두루(冂)두루 그릇(匚)이고 보자기(勹)고, 양(陽)이 음(陰)을 보듬으니 한쪽지(亠)가 주재를 해.	房
모날 **방** (바야흐로방, 책방)		방 방
无	한일(一) 밑에 굽을왕(尢) 없다, 비다 원원원(○). 숨 막히고(旡) 살 수 없다(无), 둘(无旡)이 서로 한 몸 같아 누가 봐도 남 아닐세. 천(天)을 빌어 이룬 글자.	旣
없을 **무**		이미 기
殳	궤(几) 아래 또우(又)자는 상하(上下) 궤(几) 두 개. 세상은 자리 싸움 소리가 나요, 세상살이 무상해요. 집착 말아야.	役
칠 **수**		부릴 역

干	하늘(一) 밑의 열십(十)자 승리의 땅 십승지(十勝地), 우리 주님 계시는 곳 선남선녀(善男善女) 피란지. 너도나도 가졌으니 십자(十字) 취지중(取至中), 네 자신 알라.	幹
방패 **간** (간섭할 간)		줄기 간
戈	너와 나(丿) 모두 원위치(十), 차렷, 주목(注目), 열중(十中)쉬어. 줄 틀리고 명(命) 어기면 서로 손해, 꼴불견.	我
창 **과**		나 아
斤	잘잘 쓰라 사람(亻) 마음(十), 잘 지키라 진실 그(固)것, 사람 마음(什) 잘못 쓰면 칼날(斤)처럼 위험 위험. 집(什)을 빌어 이룬 글자.	斥
칼날 **근** (저울 근)		내칠 척
矛	이 몸(予) 일꾼(丿) 바른 마음(甬) 언제라도 조심조심(一), 이(理) 어길 땐 창(丿)을 채워 전쟁터 보내질 터.	務
창 **모**		힘쓸 무

舟 배 **주**	상단(上丹)은 일자형(日字形), 하단(下丹)은 월자형(月字形), 별(丶)은 뱃머리. 그 중심에 하나 일(一), 만고 진리 최첨단(最尖端).	航 큰배 항
車 수레 **차** (수레 거)	앞(十) 뒤(十) 팡팡 잘 통해(申) 운수 대통 자동차, 말씀(曰) 싣고 통통통 삼위(十曰十)일체 통통통.	轟 큰소리날 굉
弓 활 **궁**	당기면은 힘 생기고 놓으면은 굽어 휘는 꼬부랑 할멈, 마디마디 이어이어 굽혀(弓) 이룬 대나무, 버금아(亞)에 좌궁(左弓) 우궁(右弓) 대나무 반쪽 허리 휜 활체.	躬 굽힐 궁 (몸 궁)
刀 칼 **도**	도(道) 닦는다, 은둔(隱遁) 생활(刀). 숟갈(匕) 버리고 세상 놀랄 힘(力) 기른다. 남 모르게 몸(丿) 감춘 자.	分 나눌 분 (분수 분)

衣 옷 **의**	누구(亠)누구 아무개씨(氏), 언제라도 같이(衣) 있어 서로서로 소중하기 심신(心身)이고 주객(主客)이고. 누구누구(亠) 아무(氏) 덕에 육(肉)이 객(客)이 씨(氏) 행세격, 의복(衣服)이 날개니까.	依 의지할 의
巾 수건 **건** (덮을 건)	작지(丨) 장대 세워놓고 몇 자 천(巾)을 펼쳐 덮은(冖) 잠시 머물 의지처라. 구름처럼 모였다(市)가 막(幕) 내리면 흩어지니 천하 황제(帝) 그 운명도 잠시 잠깐 머리 두른 머리띠(巾)나 다름없어.	布 펼 포 (베 포)
瓦 기와 **와**	일편 써이(以) 든든하고 을풍유(乙風流)가 화려한데, 하나일(一)자 수평천(水平天)은 써이(以) 덕에 동서 펼쳐 더욱더욱 확고하오.	瓦 덮을 와
韋 가죽 **위**	이 몸(口) 중심 기준해서 위(亠)와 아래(屮) 나타내니, 모든 물체(口) 이와 같이 내외(內外) 있고 겉 속 있어, 한 이치를 안 떠나니 이 세상에 어떤 것도 1, 2, 3을 못 벗어나. 이기(理氣)는 곧 대자연.	偉 클 위

牛 소 우	오우생년(午牛生年) 난 알아. 소(牛)는 일꾼(用), 말(午)은 방패(干), 세월(年)이 소 말 같고 사는(生) 것도 소 말 같아, 잘 통한 이웃사촌.	牢 우리 노
羊 염소 **양** (양 양)	닮아라 임금(王) 머리(⺍), 천지(〓)간의 열십(十)자 일만 백성 중심 자리 선미의(善美義)를 낳았으니, 동(東)과 서(西)가 모두 도와 일만 선(善)의 우두머리.	洋 바다 양
魚 고기 **어**	어(魚)에 몸통(田), 머리(角), 밑불화(灬), 수중 고기 새(鳥)와 같이 공중 날 듯 헤엄 잘 쳐.	漁 고기잡을 어
龍 용 **룡**	용(龍)의 몸(己)이 삼삼(三三)은 구(九) 최고의 경지에 도달하니 입신〔龍(立身)〕하고 양명(揚名)하고, 삶(生)이 여의(如意) 하늘 오르다(上).	寵 사랑할 총

山	이 고을(山) 저 고을 거리(冂)거리 산(山) 있는데, 높은 산이 교통 막아(ㅣ) 사람 왕래(往來) 어려워, 부모 혈육 곁에 살며 지척(咫尺)이 천 리.	仙
메 **산**		신선 선
田	저 울타리 안(口) 열십(十)자 우리들의 마음 자리, 일만 가지 지혜 양식 이곳(田)에서 움터(由) 나와. 이재전전(利在田田) 이내 밭을 어서어서 일구소서.	思
밭 **전**		생각 사
瓜	다랑다랑 열린 오이 흡사 손가락(爪), 꼭지(丶) 넝쿨(八) 그 사이에 오이(厶)가 마땅. 이 오이 써(以) 외로운 이(孤) 선약(仙藥)이 되게.	孤
오이 **과**		외로울 고
長	상사(ㅌ)님네 직달천당(直達天堂) 어떤 공(功)을 드리셨나? 그것 이름 삼보(三寶)라니 1, 2, 3(三)을 깨치시라. 하사(氏) 백성(民) 명심(銘心)하소. 삼보라야 대접받네.	張
어른 **장** (긴 장)		베풀 장

禾	나무목(木) 위 점(ㆍ) 하나가 오곡(五穀) 중에 최고라오, 우리 먹는 쌀나무가 옛날부터 단연 최고.	和
벼 **화**		화할 화
麻	돌집엄(广) 안 수풀림(林) 예사 것이 아니로다. 저 마림(麻林) 잘 가꾸어 곱게 손질 옷을 짜네.	摩
삼 **마**		만질 마
齊	큰 덕 있는 지도자는 좌우 문무(刀�) 백관들이 충성 다해 잘 받들어(丫) 상하(=) 좌우(ㅣㅣ) 질서 정연, 이러하니 만점 정치.	濟
가지런할 **제**		건널 제
高	꼭지(亠)머리 높이 훌쩍 저 담장(口)을 벗어나니, 사방 거리(冂) 바라보며 호호(好好) 답(答)이 저절로.	豪
높을 **고**		높을 호 (호걸 호)

辛	사방팔방 십자가(十字架)는 눈뜬 이가 보지마는 제 코앞의 십자가는 눈먼 장님 먼저 알아, 참다운 십자가는 제 몸에 있고 진실된 노력(辛苦) 끝에 십자가 속 참 주(主) 찾아.	宰
매울 **신** (쓸 신)		재상 재
甘	스물입(廿) 속 저 하나(一) 이름 지으면, 열(十) 열(十) 그 속 살아가니 새콤달콤 생꿀맛, 목(木)자 위에 밭전(果)자, 목(木)자 위에 편안안(案), 목자 위에 저 달감(某) 모두가 열매.	某
달 **감**		아무 모
香	별이별별(別異別別) 백천만향(百千萬香), 천지 가득 있지마는 태양(太陽) 하나 화향(禾香) 하나, 둘이 같이 만고의 향(香).	杳
향기 **향**		아득할 묘
文	꼭지(亠) 그가 다스리(乂)네. 높고(尢) 높고(高) 묘(妙)하였소. 문자(文字) 떠난 문리(文理)였소. 천리(天理)와 동(同) 상제(上帝)였소. 전통(傳統)에 혼(魂) 담기었소. 문화(文化)에 혼(魂) 담기었소.	吝
글월 **문** (문체 문)		인색할 인

金 쇠 **금** (돈 금)	저 지붕 밑(人) 왕옥(王玉) 둘(玉), 보옥(寶玉)이 만당(滿堂), 참 좋겠네. 진금(眞金)은 재오신상(在吾身上), 도덕, 진리, 양심일세.	釜 가마솥 부
靑 푸를 **청** (젊을 청)	마음단 붉을단(丹)에 변형된 해 달(日月)이 상하로 짝하였고, 청(靑)에 이기〔理氣(主丹)〕 구족하니 언제나 변치 않는 천지의 도(道) 만물의 이치, 그 조화 삼위일체, 천년만년 청년청(靑).	淸 맑을 청
玄 검을 **현** (묘할 현)	작을요(幺) 위 꼭지두(亠), 이로부터 이어이어(系) 세월도 흐르고 세상도 멀어지면, 오늘도 잊고 과거도 사라지니 그렇듯 당초의 꼭지머리는 아득히(玄) 어둠 속에 묻힌다.	玆 이 자
黃 누를 **황**	꽁꽁 덮인(卄) 텃밭 위(田) 새움 새싹 노랑(由)노랑 천지현황(天地玄黃) 우주묘(宇宙妙), 그 마음밭(田) 내게 있소. 우리들의 마음 자리. ※ 황정(黃庭)은 마음 자리	簧 피리 황

工 **장인 공** (공부 공)	홀(丨) 짝(二) 셋이 어울렸소. 1, 2, 3이 지극해라. 천지음양(天地陰陽) 법도(法度)일세, 세상 이룬 수리(數理)로다. 어떤 일에 공(工) 빠질까, 이 공식(工式)이 자연(自然)일세. 삼위가 일체.	功 공 공
門 **문 문**	한쪽에는 해(日) 걸치고 또 한쪽엔 달(月) 걸치고, 명명백백 통천대로 생명으로 인도하는 우리 몸의 신명지문(神明之門). 개문(開門)하니 만복래(萬福來)라, 내첨단(內尖端)이 안일세.	閃 빛날 섬
龜 **거북 귀** (터질균,땅이름구)	거북이는 어(魚)자 머리. 봉황, 기린, 용 다음에 네 번째 영물(靈物). 등(囚)에 다리(크크), 꼬리(尾)까지 예(禮) 있는 동물이니 함부로 마라.	禮 예도 예
辰 **별 진** (때 신)	반짝반짝 별나라(厂) 선남선녀(善男善女) 머무는 곳, 정신 혼이 투철하니 음양이기(陰陽二氣) 안 흩어져. 비록 이씨(理氏) 못된 기씨(氣氏), 백년 백년 영광(靈光) 영광, 길이길이 장수 별.	脣 입술 순

非 아닐 **비** (그를 비)	서로 등진 아니불(不) 좌우 벌려 경계해, 너다 나다 분별하니 두 마음이 슬프(悲)도다.	排 헤칠 배
風 바람 **풍** (때 풍)	여름 계절 풀 무성할 때면, 벌레(虫)들도 배가 차고 힘이 나서 나(虫) 용(丶) 됐다. 좌우(几)가 들썩 잔치 한마당. 곳곳마다 풀벌레 소리는 일에 찌든 세인의 마음의 고향, 풍류 한마당.	颱 태풍 태
而 말이을 **이** (어조사 이)	일혈(一穴) 묶어 말이을이(而) 천기(天機) 감춘 지선지(至善地), 너와 나 영혼(靈魂) 오고 가고 학이시습(學而時習) 불역열호(不亦悅乎), 생래사거(生來死去) 통천규(通天竅).	需 쓸 수 (장만할 수)
飛 날 **비**	날개우(羽)에 오를승(昇) 날개 둘이 짝짜꿍, 한 목표 하늘 향해 날고 날고 또 날고.	昇 오를 승

父	아버지는 위대(偉大)하서 너, 나(八), 우리 다스려(乂), 천지의 도(道) 본받으신 우리들의 마음 자리.	斧
아비 **부** (하나님 부)		도끼 부
老	늙어지면 허리 굽고 땅(土) 짚어야(耂) 일어서고, 숟갈(匕)질도 어린애 돼 노소(老少)가 따로 없네.	考
늙을 **노** (지극할 노)		생각할 고 (죽은애비 고)
子	아들(子)과 딸(女) 구별 마소. 둘둘(了, 女) 똑같아(一). 사람들아, 어서어서 나미생전(我未生前) 날 찾게나, 남녀(男女) 없는 곳. 셋삼(三) 빌어 이룬 글자.	孝
아들 **자** (씨 자)		효도 효
女	하나(一) 이치 마쳤(了)더냐. 안자(顔子), 증자(曾子), 맹자(孟子)라 해. 어미(母) 후보 갖췄더냐. 네(女)의 열속(毋) 잘 지키라.	好
계집 **녀**		좋을 호

戶 집 **호** (문지개 호)	시(尸)는 주인(主人) 떠나시고 호(戶)는 아직 주인 있어, 있고 없는 그 차이가 생(生)과 사(死)로 나뉘었소. 몸 기(己) 빌어 이룬 글자.	所 곳 소 (바 소)
口 입 **구** (말 구)	크게 쓰면 큰 입구(口), 또 다르게 에울위, 나고 드는 출입구에 물체이고 나라(口)이고, 크고 작고 온갖 물체 땅(地) 한마당(口) 나타내.	只 다만 지
士 선비 **사**	서로 어긴 사토(土土) 둘, 밑이 길고 (一) 위가 길고(一) 하늘 땅을 구분했소. 선비(士)의 맘 하늘 닮아 일무소유(一無所有) 마음 비워 오래오래 천수(天壽) 누려.	志 뜻 지
氏 성씨 **씨** (각시 씨)	십씨근(什氏斤) 셋, 의(義) 좋아서 서로 같이 몸 바꿔 동심하고 동덕하고, 어디라도 열(十)에 사니 중용의 도 안 잊어서 삼가 조심 살아가네. 누구누구 아무개(人) 씨(十) 미래가 있다.	民 백성 민

己	기이사시(己己巳尸) 네 글자! 몸기(己) 두고 나눈 말, 사(巳)는 너무 지나치고 구렁이 제 몸 세우듯, 이(已)는 이미 중반 지나 진퇴(進退)가 양난(兩難).	配
몸 **기**		짝 배
力	도비력(刀匕力)은 삼형제, 서로 협력 몸 바꿔, 힘(力)은 본래 중심(十)에 나 열십(十) 빌어 이룬 글자.	協
힘 **력**		합할 협
首	우두머리 삼위일체(三位一體) 홀짝 (二) 음양(陰陽) 대섭리(大攝理). 너, 나 모두 이(亠)로부터(自), 그것 이기 [理氣(1+ 2)] 천지(天地) 낳아.	前
머리 **수** (우두머리 수)		앞 전
面	하늘 매인 운명 줄(一) 시킨 대로 도리도리(囬), 오관(五官) 모인 수도(首都) 서울 성(性)이 그를 다 지배(支配)해, 알아야 면장(面長) 하지.	顔
낯 **면**		낯 안

手	공(廾)을 빌어 이룬 글자. 손이 재주다 부려, 손(手)은 절대(丶) 조물주! 어겨 쓰면 털모(毛)라 해. 짐승의 꼬리(尾).	擧
손 **수**		들 거
足	족소아정(足疋疋正) 한 식구, 족(足)은 구(口)에 마음(心) 맞추(疋)고, 一은 중심, 중앙선 지키고(止), ㄱ은 조심정(正)과도 일맥, 한결같이 자리(一) 지켜(止) 안전을 요망.	路
발 **족** (족할 족)		길 로
爪	소조심불(少爪心不) 한 뿌리, 적고 적어(少) 볼 수 없어. 아니다(不), 그것 마음(心) 손 끝(爪)이 곧 마음(心)이여. 본말(本末)은 하나.	受
손톱 **조**		받을 수
骨	육달월(月) 위 뼈바를알(冎). 뼈가 살을 들고 나와 뼈(冎) 보이고, 살(月)은 덮여 꼴보기가 사나워.	滑
뼈 **골**		미끄러질 활

耳	눈 둘(二) 귀 둘(二) 짝짜꿍, 눈(目)은 쏘고 귀(耳)는 받고, 귀는 흡사(恰似) 안테나.	恥
귀 **이**		부끄러울 치
目	일체 생명(口) 두 개(二) 눈, 해와 달을 본받은 것. 눈은 서로 협동해도 입은 서로 협동 못 해. 입은 하나 천만다행.	厶
눈 **목** (두목 목)		눈팔부감고 이부뜰 비
鼻	코 좋으면 다 좋단 말 거짓 아니라. 코(鼻)는 오관(五官) 주인, 중심, 자아(自我) 계시는 곳. 제(祭) 올릴 때와 읍(揖)을 할 땐 두 손 맞잡아(廾) 공손히 코끝에 올려.	祖
코 **비**		할애비 조
舌	임계수(壬癸水) 북방(北方) 우물(口) 적룡(赤龍) 혀가 노니는 데, 그 조화 일천(千) 가지 혀는 무서워.	活
혀 **설**		살 활

齒	입(凵) 속 혀(一)는 주인(主人) 적룡(赤龍), 이는 상하(上下) 정연(整然)하니 단정(止)하고 보기 좋아.	齡
이 **치** (나이 치)		나이 령
血	일만 중생 피는 하나(丶) 너, 나, 모두 소중하고, 명(皿) 위 오른 점 하나(丶)가 피의 가치 나타내.	衆 (众)
피 **혈**		여러 중
皮	어떤 무엇 덮었을꼬? 또우(又) 보니 뭐가 있지? 또우(又) 위에 덮을 건(巾)자 그 속 분명 소중할 터, 생명처럼 귀중하게 잘도 잘도 보호하네.	彼
가죽 **피**		저 피
肉	육자(肉) 본래 두 사람(兩個人) 같은 동네(冂) 이웃사촌, 그것 모른 미혹한 이 큰 입(凵) 벌려 먹어치워. 슬프도다, 사람이 사람 먹는 이치.	內
살 **육** (고기 육)		안 내 (여관 나)

糸	사사(厶厶) 요요(幺幺) 따라가면 미미(微微) 세세(細細) 더 작아져(小), 사리사욕(私利私慾) 그 같으니 훗날 자손 생각하소.	系
가는실 **멱** (실 사)		이을 계
弋	마음(忄) 발라(正) 사람(人)되면 더 구할 일 뭐 있겠나. 천(天)의 약속 안 지켜서 과(戈)도 익(弋)도 부정(不正)한 것. 어서어서 사(邪) 버리고 직직(丨丨) 평평(一) 열속(十) 들라. 과(戈)는 둘 다 양보 않고 익(弋)은 다만 생각 달라.	式
주살 **익** (취할 익)		법 식
耒	아니다(未) 못된 것, 쓸모가 없다. 미(未)자 위에 별(丿)의 뜻은 못된 땅 옥토(沃土) 만들 소 쟁기 보습 날.	耕
쟁기 **뢰**		갈 경
矢	하늘 향한 저 화살(丶)은 하늘(天) 더 위 못 벗어나, 다시 결국 땅(口) 향하니 사람들이 안다(知)는 것, 기껏해야 코앞 일.	知
화살 **시**		알 지

鼎	솥은 주인, 부엌의 눈(目). 장편(뉘片)이 좌우 있어 삼위가 일체, 이기〔理氣(1＋2)〕모두 갖췄으니 창조(創造)의 원리.	眼
솥 **정**		눈 안
臼	인(仁)자 둘이 협력하니 천하무난사(天下無難事), 학여흥각(學與興覺) 뭐겠는가. 살신성인(殺身成仁) 날(臼) 배워요.	兒
절구 **구** (확 구)		아이 아
斗	하나 둘 셋(三), 높아지면 긴 자(丨) 세워 키를 재니, 우리 모두 이런 속에 매사 준비 잘합시다.	量
말 **두**		헤아릴 량
匕	비(匕)와 도(刀)는 서로 어겨 비(匕)는 날고, 도(刀)는 숨고, 때때 맞춰 몸 바꾸는 처세의 명수.	北
비수 **비** (숟갈 비)		북녘 북 달아날 패

几	세상 꼴을 보노라면 방혜경감(匚匸冂凵) 구경거리 대동소이(大同小異)해. 올망졸망 세간집기(世間什器) 모두 땅(地) 이야기. 궤(几)라 다를까!	凡
안석 **궤** (책상 궤)		무릇 범
皿	잔대잔(盞)에 맏맹(孟)자에 명(皿)자 뜻을 알고 보니 귀중 물건 밑에 받친 별난 그릇 받침대.	盞
그릇 **명**		잔대 잔
缶	낮오(午) 밑에 입벌릴감(凵), 오시(午時) 방향 누워 있는 옛날 시골 분뇨(糞尿)통.	缸
장군 **부**		병 항
豆	콩은 겸손 둥글어서 높은 산(豐)에 못 올라가. 콩에 비한 저 한 물건(曰) 인성(人性)의 처소(處所) 자리. 잘 뫼셔(丷)요, 잘 위해(丷)요. 이(曰) 자리가 보배일세.	豊
콩 **두**		풍년 풍

革	단단히도 얽어 묶어(卄) 저 열(十) 속(中)을 어찌 보나, 열(十) 열(十)이 모였(卄)으니 어느 장사 못해 본다.	靴
가죽 **혁**		가죽신 화
貝	오관(五官)이라 이목구비(耳目口鼻) 누가누가 최고인가. 이 몸이 천 량이면 눈(目)이 칠백 량, 나는 가치(價値) 재물이요, 이로부터 나눠져요.	員
조개 **패** (재물 패)		생원 원
羽	삼삼(彡彡) 갖춰 좌우 날개 잘도 지었다. 약(弱)자에서 조(兆)자에서 너를 보았지. 날비(飛)자는 어떠한가, 그도 역시 날개(羽) 둘.	翔
깃 **우**		날개 상
龠	소리 음률(口口口), 곡조(曲調) 조화(調和) 정말 삼삼(三三)하다. 만장 거리(冂) 청중들이 손에 손을 맞잡는다(卄). 한지붕 밑(人) 한마음(一) 우리 모두 화합하세.	龕
피리 **약**		우러러볼 약

米	곡기(穀氣) 미식(米食) 좋지마는 그 위에 기식(氣食) 호흡, 또 위에 신식(神食) 정념(正念), 삼식(三食)이 원만해야 잘먹고 잘사는 사람.	糞
쌀 **미**		똥 분
麥	우리 조상 못살을 때 입에 싫은 꽁보리밥, 맥(麥)자 안의 삼인일석(三人一夕) 이치가 깊어, 삼인동행(三人同行) 필유아사(必有我師) 그 뜻 밝히라. 백년탐물일조진(百年貪物一朝塵) 삼일수신천년보(三日修身千年寶). 아! 수(修), 맥(麥)의 뜻 누가 알려나.	修
보리 **맥**		닦을 수 (꾸밀 수)
黍	칠(桼)과 서(黍)는 별(丶) 하나 차, 기장 벼(黍)는 밭에(田) 나고, 옻나무(桼)는 산속에 나. 칠(桼)액 검고 서(黍)액 희고, 서(黍)는 이등 벼.	漆
기장 **서**		옻나무 칠
食	사람(人) 사이 어질량(良) 인성(人性)이르고, 이것이 아름다워 만물의 영장(靈長). 이것 양심(良心) 잘 먹어야 천지가 도와.	飮
밥 **식(사)**		마실 음

水	앞 강물에 큰 물줄기(丨) 자연스레 사방 흘러(氺) 낮은 곳을 따라가니 그것 법(法)이래. 산꼭대기 물(水) 나는 것 그 이치 알라. 태산(泰山)에서 금(金)이 나니, 금생수(金生水)라오.	永
물 **수**		길 영
木	저 나무(木)를 이해하면 세상 알아요. 세상이 저(木) 같으니 열(十)은 창조주, 그 중심(十)이 좌우(八) 뻗쳐 길어 길어 끝없어.	林
나무 **목**		수풀 림
火	사람인(人)자 양쪽에다 두 점(丷) 찍어 사람 눈, 켜고 끄고 필요없는 해달(日月) 닮은 두 눈 불, 천지 닮은 사람 몸 어떤 무엇 없으랴.	炎
불 **화**		불꽃 염
土	크다, 높다, 하늘 한얼(十). 그(十)를 받쳐 위하신 땅(一), 천기하강(天氣下降) 그 보답을 잘도 합니다.	圭
흙 **토** (뿌리 두)		쌍토 규

艸 풀 초	움날철(屮)자 외로워서 둘을 모아 풀 초라 해, 아기 싹이 점점 자라 입(凵) 벌리고 풀풀대며 한들한들 춤을 춰요.	芒 가시랭이 망
竹 대 죽	낱개(↑)자 둘, 좌우 세워 서로 벗되게. 보고 보고 또 보아도 강유(强柔) 겸하고, 칠전팔기(七顚八起) 백전불굴(百戰不屈) 군자(君子)의 기상(氣象). 셋 삼(彡) 빌어 이룬 글자.	笑 웃음 소
韭 부추 구	저 땅(一) 위의 그를비(非) 모양을 보면 길게 늘어뜨린 가는 머리. 중놈 먹어 안 된다(非)는 산사(山寺)의 금기(禁忌) 식품.	韱 산부추 섬
鬯 술빚을 창 (성할 창)	조금 조금 양념에 쓴 소금(鹵) 한 순갈, 그것 만약 입(凵)에 넣으면 무슨 일 날까? 입은 차고 목은 막혀 할 말 잃을 것.	鬱 답답할 울

玉	희다, 맑다 왕여옥(王如玉), 흰 옥(丶) 같은 임금 맘, 온 세상의 임금님들 흰 옥 맘씨 닮으소서.	王
구슬 **옥** (힐 옥)		임금 왕
石	석우(石右) 두 자 한통속, 땅(一)에 묻힌 깡깡 돌(口). 왼손보다 오른손(右), 좌양우음(左陽右陰) 이치 따라 오른우(右)자 돌(石) 닮아.	硯
돌 **석** (섬 석)		벼루 연
鼓	하늘(O) 닮은 둥근 콩(豆), 그 위 열십(十)자. 일체 중생 자연(自然)으로 돌아가 마음(十) 잡고(支) 편히 살란 북이었네.	壹
북 고		하나 일
角	한 길(土) 걷다 두 길(丷) 보면 삼가 그치라. 사귀다가 두 맘(丷) 되면 어찌하려나! 이 세상(冂)은 살얼음판, 곳곳마다 위험 위험.	解
뿔 각		풀 해

日	천고(天高)하니 일월명(日月明). 세상(口) 밝힌 일등 해(日), 세상에서 제일 큰 눈 광명천지(光明天地) 대주인(大主人).	昌
날 **일** (해 일)		빛날 창 (창성할 창)
月	일등 못된 이등 달(月). 백만 군사 별 거느려 밤의 거리(冂) 대장군(大將軍). 사람 사람, 생명 생명, 편히 쉬며 잠 들게 해.	朋
달 **월**		벗 붕
大	하나(一) 어른 뫼셔다가 인득일(人得一)을 위대(爲大)라 해. 하나(一) 빼고 안 되나니 하나(一) 그것 뭐겠는가? 시종일관(始終一貫) 성(性)이렷다, 인간 존엄성(尊嚴性).	泰
큰 **대**		클 태
小	대소(大小) 함께 본 〔一(丨)〕 있으니 삼위(大小)일체 당당해. 크고 작고 없이 너도나도 똑같애, 이치는 하나. 셋 삼 빌어 이룬 글자.	尖
작을 **소**		뾰족할 첨

<table>
<tr><td>夕
저녁 석</td><td>치쇠구석(夂夊久夕) 사형제, 홑(乀) 짝(彡) 둘이 연기(演技)를 해. 지는 해(日)가 짧아지니 치(夂)를 빌어 석(夕) 이룬 것. 셋삼(彡) 빌어 이룬 글자.</td><td>名
이름 명</td></tr>
<tr><td>雨
비 우</td><td>하늘(一)에서 주신 비(⻗) 천일생수(天一生水) 기름져요. 온 천지(冂)를 목욕시켜 천은(天恩)에 감사.</td><td>雪
눈 설</td></tr>
<tr><td>自
스스로 자
(부터 자)</td><td>눈 둘(目)에다 점(丶) 하나, 삼위가 일체, 만사 이(丶)로부터이다. 그가 바로 대자연(大自然), 이로부터 왔나니 이(自)를 향해 가는 것. 사람은 자연 보호, 자연은 사람 보호.</td><td>臭
냄새 취</td></tr>
<tr><td>至
이를 지
(지극할 지)</td><td>하늘(厶)에서 천기 하강(厶). 땅(一) 위에서 지기(十) 상승(マ), 이런 마음서로 만나 지극정성 만고 이치.</td><td>窒
막힐 질</td></tr>
</table>

鹿	산풀도 안 밟는다, 어진 동물 사슴이여! 서로 두 뿔(卝)을 감추나니 서로 적대(比) 아니하네. 하늘도 그를 보호, 돌집(广) 안에 안전케 해.	塵
사슴 **록**		티끌 진
豕	집가(家)자에 돼지시(豕), 식구(食口)이고 백성(百姓)이고, 새끼 돼지 많이 낳아 복돼지라 부른다네. 서로 같은 한(一) 가족, 시(豕)자 보면 하나, 둘, 셋, 여러 중생(众) 모여 있다.	猱
돼지 **시**		초목에 열매 다닥다닥 맺힐 유
鳥	신여화(身ヮ火)를 조화시켜 눈이 밝고 몸 가벼워 훨훨 나는 새 나타내고, 까마귀는 호여화(戶ヮ火), 몸(己)이 검어 집호(戶)자 써.	烏
새 조		까마귀 오
鼠	쿵쿵 방아 절구(臼)통 소리 멎고, 잠시 뒤 선도사수(善盜似獸) 서생원, 길다(長) 길다 꼬리 길다(ヽ) 산다람쥐. 그 꼬리는 솜방망이(毛) 같았는데.	髮
쥐 **서**		터럭 발

黽 맹꽁이 **맹**	맹꽁이와 거북이(龜) 촌수 가까워. 거북, 자라 목을 보면 길기도 한데 맹꽁이 그 머리는 어디 숨겼나.	鼋 큰자라 원
馬 말 **마**	새조(鳥)자와 비슷하여 잘도 뛰고 잘도 날아. 말의 목 뒤 털 더부룩 풀 무성할봉(丰) 조화시켜.	篤 돈독할 독
犬 개 **견**	사람 못된 것 개라 하니 '~인 척, 한 척, 난 척' 마라. 콩(太)과 같이 겸손해서 높은 그곳(犬) 사양하라.	獄 가둘 옥
酉 닭 **유**	하루 일과 다 마치고 서(西)에 드신 저 하나(一)님, 잘 닦은 자 마음일세. 배부른 닭 비유했네. 네(酉) 있는 곳 술(酒)잔 뜨고 풍악 울리고.	酋 두목 추

하나 **일** (一)	영(O) 어멈(母) 너(一) 낳은 후로 세계 인류(人類) 60억에 비잠동식(飛潛動植) 천지 가득. 너(一)가 그를 다 지배해 어딜 가도 네 얼굴. 그래, 너(一)는 하나님.	바를 정 (正)
둘 **이** (二)	일(一) 없으면 안 되는 너 이(二). 홀짝 지어 공(工) 이루니, 천지공사(天地工事) 이런 것을 세상 사람 뉘 알꼬.	서로 호 (互)
여덟 **팔** (八)	동과 서가 공평(公平)하고, 좌와 우가 분명(分明)하고, 언제라도 만민 위해 알맞고도 적당하고.	고를 평 (平)
열 **십** (十)	너(一), 나(丨) 둘(十)은 우리(吾)란다, 나(十)는 진리 도(道)이니라. 살려거든 날(十) 사랑해. 또 그 이름 만능기사(萬能技士), 만덕중선공덕조(萬德衆善功德祖).	밭 전 (田)

罔	사람 금수 다른 것은 그 무엇일꼬! 소(牛) 귀에 경(経) 읽기는 무슨 뜻인가? 저 거리(冂)는 어찌하여 그물(㸚)을 쳤나?	爾
그물 **망**		너 이
乙	하나일(一) 빌어 훨훨 날다 새(乙) 모양, 네 재주가 별(別)타 해도 갑자(甲子) 못된 을축(乙丑) 새. 그래, 인을 (人乙) 빌어먹지(乞).	乞
새 **을**		빌 걸
屮	겉(凵)과 속(丨)이 어울렸다, 입(凵) 벌리고 태어나(丨)고, 세상 이치 이같으니 더불어서 이루니라. 하나(━)에 둘(━ ━), 둘(━ ━)에 하나(━) 그것 이치래.	出
움날 **철**		날 출
凵	하늘 향한 저 입(凵) 좀 보소. 뚜껑 덮인 항아리는 태양 빛을 못 볼 테고, 뿌리 없는 나무 또한 천지 은혜 못 받으니, 비록 봄비 기름진들 그것 무슨 소용인가.	函
입벌릴 **감**		상자 함

黑 검을 **흑**	옛날 옛날 마을리(里) 인심 너나없이 (田) 살았는데, 오늘 인심 둘(때)로 나눠 서로서로 부대끼고 열을 받아 검고 검어 이런 모양 되었다네.	黨 무리 당
白 흰 **백** (아뢸 백)	왈(曰)자 위의 저 점(丶) 하나 독야백백(獨也白白) 안 섞여. 이런 마음 정심(正心)으로 일백백가(一白白歌) 부릅시다.	伯 맏 백
又 또 **우**	여보게나! 이런(フ) 모양 또우(又)라면 말이 되겠나? 이리(フ) 저리(乀) 서로 엉켜 이쯤(又) 돼야 말이 되지.	双 두 쌍
赤 붉을 **적** (빌 적)	흙토(土)자로 중심 삼고 둘(八) 둘(八) 좌우 공평하니 업대(業對) 머리 빌렸구려. 이쪽 저쪽 원만하고 한 중심이 분명하니 진리이고 정도이고. 우리도 적자(赤子)처럼 또또(亦亦)하게 똑똑하세.	亦 또한 역

寸 마디 **촌** (조금 촌)	작다 작다 나타내려 첫째, 첫번 이 한 마디(寸). 하나, 한 치 뜻이 통해 한데 모인 일주궐(一, 丶, 亅). 일촌광음(一寸光陰), 일당백(一當百) 어머니는 작아 보여.	寺 절 사
入 들 **입**	인입(人入) 둘은 서로 엇갈려, 드는 사람(入) 나는 사람(人). 좌와 우가 이같으니 같고 같고 안 같도다. 상(上)과 같고 하(下)와 같고, 너 나 서로 정반대.	全 온전 전
釆 나눌 **변**	쌀미(米) 위에 일(一)의 변형 하나(丶) 쌀이 귀중타. 사방팔방 너도나도 같이 나누자.	采 채색 채
色 빛 **색**	색(色)은 땅(巴) 위 드러낸 것. 우양(牛羊)의 두 뿔(丷)처럼 땅이름파(巴) 위 뿔각(角) 올려 더욱 모양 드러나니 각색급위(角色急危) 네 글자는 모두 뿔 달린 자.	巴 땅이름 파

邑 (고을 **읍**)	땅이름파(巴) 머리 위 작은 땅(口), 그 둘레가 얼마던가? 고을(巴)마다 마을(口)마다 풍물 있고 전통 있고.	甕 (막힐 옹)
里 (마을 **리**)	오행지모(五行之母) 흙토(土)자, 삶의 터전 옛 고향. 왈토(曰土) 합해 이룬 마을(里) 어디라도 토지(土地) 위.	埋 (묻을 매)
比 (견줄 **비**)	숟갈(匕) 둘(比)이 한자리에 어느 숟갈 더 크던가? 비수(匕首) 둘이(比) 맞섰거든 어느 비수(匕首) 우위던가.	竝 (아우를 병)
立 (설 **립**) (세울 입)	넓은 터(一) 위 두 기둥(丷), 오직 한 님(亠) 위합니다. 형(兄) 둘, 만일 의(義) 나쁘면 다투다경(競) 위험해요.	笠 (삿갓 입)

谷 골짝 **곡**	영천(靈泉)이 어디메냐 묻는 사람아! 곧게 뻗은 양대 산맥(人) 좌우 쌍방 일월봉(八), 그 중간에 통천혈(通天穴) 훑어보면 내 얼굴(容). 곡신(谷神)은 불사(不死)랬다, 노자(老子)의 말씀.	容 얼굴 용 (받아드릴 용)
阜 언덕 **부**	쌓였어요(自), 높였어요(阝) 저 중심 (十)이 안 보여요. 그래, 그(阜)가 남 도울 땐 모양을 바꿔 왼쪽 설(阝) 땐 언덕부(阜) 음양(陰陽) 뜻하고, 우방 (右傍) 설(阝) 땐 고을읍(邑) 군도(郡 都) 나타내.	師 스승 사
广 돌집 **엄**	부(府)와 청(廳)을 보았는가, 예사 집 이 아니라. 뒤는 삼엄(广) 동장철벽, 이런 집에 사는 사람 질서(秩序)가 으 뜸이라. 특별한 집 관부 사람, 통제가 엄격해요.	序 차례 서
穴 구멍 **혈**	우주(宇宙)라는 큰 지붕(宀) 바로 통 한(八) 큰길 대로(大路), 그 아무나 오 고 가나 선불성(仙佛聖)의 학이(學而) 자리.	穿 뚫을 정

艮	머리(彐) 찾아 그치래요, 각씨각성(各氏各姓) 백성(民)님네! 이(彐)로 연(緣)해 된답니다. 셋삼(三) 빌어 계(彐) 이루고, 계(彐)에 씨(氏)를 곁들인 자.	良
그칠 **간** (간방 간)		어질 량
止	하나, 둘, 셋(灬) 가지런히(一) 홀짝 서로 알맞아야 걸음(步) 걸음 걸을 적에 조심조심 소보(少步)해요. 소조심불(少爪心不) 볼거리.	不
그칠 **지**		아니 불
走	빨리빨리 달려 달려 삼십육계(三十六計) 줄행랑, 마땅 그쳐(止) 머무를 곳 오행지모(五行之母)　무기토(戊己土), 우리 근본 텃자리 주님 계신 정토(淨土) 땅.	越
달릴 **주**		넘을 월
彳	행(行)씨 집안 이산가족 촉(亍)을 잃어 속 안 편해. 살아도 반쪽이니 좌와 우가 비정상. 그래도 인상인(人上人)은 하늘나라 진인(眞人)이셔, 영감(靈感)으로 보람 느껴 후천 반쪽 괜찮다네.	衡
주축거릴 **척** (두사람인 변)		저울대 형

鹵 소금밭 **로**	점(占)과 노(鹵)를 비교하면 점집에서는 입이 비어 빈 입(口)으로 점을 치고, 소금 집엔 입이 차니(図) 소금으로 간을 치고 맛을 낸다.	鹹 짤 함
舜 어길 **천**	좌우 둘(夕牛)은 해(日) 어기고 위(亠) 어긴 자. 옛날 걸주(桀周) 이치(理致) 어겨 폭걸(暴桀)이 됐고, 순왕(舜王)께선 사심(私心) 어겨(舜) 출천대효(出天大孝) 세세전(世世傳)해. 구부리고 몸 비틀고(舜) 춤(舞) 춰 얻은 무아(無我) 지경.	舜 순임금 순
欠 하품 **흠** (부족할흠/기지개펼흠)	깜짝 돌연(突然) 입 딱 벌린(勹) 저기 저 사람(人). 그 모습이 흡사 보자기(勹), 날 속인(欺) 사람.	吹 불 취
片 조각 **편**	너(片), 나(爿) 따로 아니된다, 한 몸(牉) 이루라. 너도 나도 몸 낮추면 서로 좋고 편안해.	版 조각 판

尸 주검 **시**	형제 많은 주검시(尸) 기이사시(己已 巳尸) 넷. 시(尸)는 지금 땅속 묻혀 (尸) 숨을 거두고, 다시 거듭 태어나 면 호(戶)가 되겠지.	居 살 거
見 볼 **견** (보일 현)	눈(目) 둘이 사명(使命) 크다, 두 발 (儿) 달아 큰일 시켜. 잠시라도 자리 비면 만사 어긋져, 볼 때마다 나타 (現)나신 내 몸속의 임금(王)님.	覓 찾을 멱
聿 붓 **율** (마침 율)	머리(彐) 손(手)이 잘도 맞아 훌륭도 해라. 붓이 사람 살린다나, 붓이 사람 죽인다나! 붓은야 무소불위(無所不爲) 심(心)의 대변자. 저기 저저 관료(官 僚)님들, 붓붓 붓 조심.	建 세울 건
示 보일 **시** (귀신 기)	아니불(不) 위 점 하나(一) 색성향미 (色聲香味) 아니라. 이(二)로부터 보이 나니 귀신이라오. 저 쌍림하(雙林下) 계십(禁)니다. 이재아(理在我)래요.	禁 금할 금

用 쓸 **용**	천하사(天下事)에 너, 나 없다 상하 같이(卄) 쓰거라, 온 세상 거리(冂) 거리 모두가 주인.	甫 클 보 (겨우 보)
卜 점 **복**	장대 작지(丨) 저 끝에다 깃발(卜) 하나 달아 놓고 이다 저다 온갖 주술(註述) 일장 해설이 장황한데, 기둥(丨) 치면 보(一) 울린다, 철학인지 과학인지 원인(丨) 결과(丶) 알자 하네.	外 바깥 외
曰 가로 **왈**	하느님도 말(口) 못하고 땅도 역시 말(口) 못하여, 말하는 입(曰) 빌어다가 하늘(一) 일을 대신케 해, 공자 왈(曰) 맹자 왈(曰) 바로 그런 뜻.	甶 귀신머리 불
鬼 귀신 **귀**	유(由)와 불(甶)을 같이 보면 무엇 틀리나. 밭전(田)에 십(十)은 사(私)가 없고 불(甶)에 머리(丿) 엉뚱도 해. 귀(鬼)에 사(厶)가 뭐겠는가? 정도(正道) 정리(正理) 벗어났네.	魔 마귀 마

天 하늘 **천**	제一크다, 제一작다. 커서 능히 다 감싸고, 작아 능히 퇴장어밀(退藏於密) 안 보이고 안 들리고, 그것 이름 하늘천(天) 한얼천(旡) 하나천(弖), 하나(一) 그것 우리 맘. 비고역비원(非高亦非遠) 도지재인심(都只在人心).	空 빌 공 (하늘 공)
地 따 **지**	토(土)에 중(中)의 변형인 야(也)를 짝지어 지(地)자를 이루니 땅은 흙(土)이 중심〔中(也)〕이라는 뜻이요, 지리(地理)와 지심(地心)이 땅의 가치이고 주체임을 나타낸 글자.	固 굳을 고 (진실로 고)
陰 그늘 **음**	언덕(阜)배기 턱(阝)마루 집(人)! 해님 못 본 풀과 나무, 어느 때면 그대들도 저 지붕 저 언덕 너머 해님 함께 자라(長)볼까?	息 쉴 식 (숨쉴 식)
陽 볕 **양**	깊고 갇혀 음(套)이란다, 높고 솟아 양(昜)이란다. 너, 나 사이 경계(阝) 있어 다만 너, 나 안 같단다. 음양 조화 이루게 저 장벽아 없어져라.	開 열 개

乾 하늘 **건** (마를 건)	스스로 몸 낮추고 인을(人乙)이라 칭하시니, 걸인(乞人) 아닌 걸인 되시어 천지(十十) 빛낸 님의 말씀(言)은 세세 길이 인을(人乙) 그가 주인일세. 천지와 인을(人乙)이 한 몸이로다.	奧 속 오
坤 땅 **곤**	사람(人)이 만일 신(申) 없으면, 땅(土)이 만일 신(申) 없으면, 이 세상은 어느 것도 열려 통(申)해야. 어디라도 어디라도 열십(十)은 주인, 중심.	低 낮을 저
辰 보지 **비**	몸기(己) 변형 시(尸) 안에, 보배 보배 깊이 가린 유일무이 구멍혈(穴), 동(東)과 서(西)는 일월문(日月門)인데, 오묘무궁 이 자리는 우리 주인 역사 이룰 제1의 명당, 일체 범접 노 노 노! 나(尸)는 세상 낳고 세상 이룰 천하제일 어머니요.	濕 젖을 습
屎 자지 **구**	깊이 가려 감추었네. 만세의 사람 종자 이곳에서 구(求)한다네. 잘도 간직해! 비례물시(非禮勿視) 비례물청(非禮勿聽), 연정(煉精)하고 연기(煉氣)해야 출중인물(出衆人物) 나오시다.	燥 불에 말릴 조 마를 조

친자(親子)의 윤리(倫理) (부모와 자식의 윤리)

당 초 차 신 **當初此身**	당초에 이 몸이
부 모 기 혈 **父母氣血**	부모님의 기운과 피라
태 중 십 삭 **胎中十朔**	태중 열 달 만에
완 성 인 체 **完成人體**	사람 몸이 완성되어
시 지 이 생 **時至而生**	때에 이르러 태어나니
부 모 애 지 **父母愛之**	부모 사랑하시사
양 육 지 정 **養育之情**	기르고 기르시는 정이
지 이 극 의 **至而極矣**	지극하시고 극진하시네
삼 년 회 국 **三年懷鞠**	삼 년을 품어 기르시니
기 공 하 여 **其功何如**	그 공이 어떠하신가
약 언 기 공 **若言其功**	그 공을 말로 할 것 같으면
일 구 난 설 **一口難設**	한 입으로는 말하기 어렵도다
천 고 만 노 **天苦萬勞**	천 가지의 괴로움과 만 가지의 수고로움을
희 이 불 염 **喜而不厭**	기뻐하시사 싫어하지 아니하시니
고 비 시 심 **固非是心**	진실로 이런 마음이 아니시면
아 신 하 보 **兒身何保**	아이의 몸이 어찌 보호되리오

한국 어머니의 태교(胎敎)

태교지도(胎敎之道)

　태교지도(胎敎之道)는 인생의 근본이 된다. 의식(意識)의 개혁(改革)이 되고, 양심(良心)의 회복(回復)이 되고, 만복(萬福)의 원천(源泉)이 되고, 존경(尊敬)의 대상(對象)이 된다.

인재(人材)와 부귀(富貴)의 길(선천교육 태교임신)

　우리 민족의 국조(國祖)이시며 상조(上祖)이신 환웅천황(桓態天皇)님께서 말씀하시기를,

　"너의 머리 골(䯏) 속에 한울님이 재림(在臨)해 계시느니라."

고 하셨다.

　◆ 한울님을 뫼시고 있는 머릿속을 혼란(混亂)하게 하면서 어찌 행복이 있기를 바라겠는가! 늘 청렴(淸廉)하게 정심(正心)하고 수신(修身)하는 일보다 더 중요한 것은 없다.

　◆ 작금(昨今)의 더러워진 토양(土壤)을 바꿔 새로운 세상을 만들기 위해서는 새로운 사람들이 이 세상에 탄생(誕生)하도록 훌륭한 태교(胎敎)가 이루어져야 한다. 그래서 지상(地上)의 낙원(樂園)인 삼강오륜(三綱五倫)을 실천하는 도덕(道德) 사회(社會)가 되도록 젊은이 모두가 앞장서야 한다. 그래서 새롭게 탄생하는 세대들이 정신적(精

神的)으로 인자(仁慈)하고, 도덕적(道德的)으로 겸양지덕을 갖춰야 이 사회가 건강하고 온화하게 발전해 나갈 것이다.

태교의 중요성

옛날부터 전해오는 말씀에 의하면 궁궐과 사대부가에서는 태중 교육서를 목판에 새겨 조상과 신주를 모신 사당에 비치했다고 전한다. 이로써 우리 선조들이 태교를 얼마나 귀중하게 여겼는지를 알 수 있다.

교구시간의 조절

부부(夫婦)의 교구시간(交媾時間)은 새벽 축시(丑時:一시~三시) 또는 인시(寅時:三시~五시)를 꼭 지켜야 한다. 그래야 우주의 기를 받아 큰 인물이 탄생된다.

◆ 낮 오시(午時)부터 저녁 자정(子正) 사이는 음기(陰氣)가 지배하는 때로 이때 부부(夫婦)가 교합(交合)하면 건강에 유해(有害)하여 병을 유발할 수 있으며, 수명(壽命)도 짧아지고, 특히 출생하는 자녀(子女)는 우매미련(愚昧未練)하여 불효불충(不孝不忠)하게 되고, 사치(奢侈)와 음란(淫亂)을 쫓게 되어 쓸모없는 사람이 태어날 확률이 높고, 주로 여아(女兒)를 출생하기 쉽다.

◆ 어머니의 뱃속은 사람이 만들어져 나오는 공장이다. 이 세상에 크고 작은 것의 모든 물건(物件)은 공장주설계(工場主設計)에 의하여

좋은 품질(品質)의 상품(商品)이 만들어져 나오고 있다.

◆ 아버지의 신수(身數) 속에는 천만(萬) 가지 성분(性分)이 들어 있다. 아버지의 행실(行實)은 규범(規範)이 되고, 씨앗이 되고, 종자(種子)요, 원고(原稿)요, 생각(生覺)하는 대로, 설계(設計)하는 그대로 된다. 그래서 고래(古來)로 씨 도둑은 못한다고 전(傳)해져 오고 있다.

인사(人事)의 모든 것 (섬기는 도리)

1. 효친지도(孝親之道 어버이에게 효도하는 도)

부은비산고　모은비수심
父恩比山高, 母恩比水深

　아버지의 은덕은 높은 산에 비할 것이며, 어머니의 은덕은 깊은 물에 비유할 수 있다.

십월회태　삼년포유　칠년은양　십년배식　흘진천신만고　방장아부양성인　차은차덕
十月懷胎, 三年哺乳, 七年恩養, 十年培植, 吃盡千辛萬苦, 方將我扶養成人, 此恩此德,

천고지후　천추만고　난보만일
天高地厚, 千秋萬古, 難報萬一.

　열 달 동안 뱃속에 품었으며, 3년 동안 젖을 먹여 7년 동안 양육하시고, 10년 동안 사람 노릇을 할 수 있도록 가꾸어 주시느라 천신만고 다 겪으시면서 이 몸이 장성하게 돌보아주신 이 은혜와 이 공덕은 하늘처럼 높고 땅처럼 두터우니, 천추만대를 지나도 그 만분의 일도 갚을 길이 없다.

부모양육지은호천망극　오인약하효순　자문흉당하안어죄하도　여인상처주하감상
父母養育之恩昊天罔極, 吾人若下孝順, 自問胸幢何安於罪何逃, 與人相處做何感想?

　부모의 양육하여 주신 은덕은 하늘과 같아 끝이 없으므로, 우리가 만약 효순하지 못한다면 스스로 가슴에 손을 얹고 물어보라. 마음이 어찌 편안할 것이며, 그 죄를 어찌 도피할 것이며, 사람과 대할 제 어떠한 감상이 될 것인가?

하시효내백선지선성인정위도덕지근본　교화지종지안위경순위일상지효　불가불면
可是孝乃百善之先聖人定爲道德之根本, 敎化之宗旨安慰敬順爲日常之孝　不可不勉.

　그런데 효는 백 가지 착함에 앞서는 것으로서 성인은 으레 도덕의 근

본을 삼으셨으며 교화의 종지로 하셨으니, 편안히 위로해 드리고 공경하며 순종하는 일이 일상의 효도인지라, 불가불 힘써야 한다.

不使惡名加諸父母謂之安, 一切煩惱代其勞謂之慰, 衣食供奉待其時謂之敬,

雙親怒責不怨謂之順, 此爲孝親之道也.

　부모의 명예를 손상하는 행동을 하지 아니함이 편안케 하여 드림이요, 일체의 근심과 걱정도 부모 대신 애써 드리는 것이 위로하여 드림이요, 의복과 음식을 때맞추어 받들어 드리는 것이 공경함이요, 양친께서 성내어 꾸짖어도 원망하지 아니하는 것이 어버이께 효도하는 도이다.

2. 교양지도(敎養之道 교양의 도)

孔子家兒不識罵, 曾子家兒不識鬪, 家敎然也.

　공자네 집 아이들은 욕할 줄을 모르고, 증자네 집 아이들은 싸울 줄을 몰랐으니, 이는 가정교육이 그러한 것이다.

小兒嬉戲, 撻蝶, 殺蜂之類, 須痛切禁之, 非惟殺生亦熾其殺心, 長大不知仁慈,

當敎之以 屠殺馳身 甘肥自己便是不仁. 離馳眷速, 筵我親朋便是不義. 將馳肉體,

獻神人便是不禮. 稱言祿命, 應食腥壇便是不智. 說餌裝媒, 引入陷 便是不信.

　어린아이들이 즐겁게 뛰어 놀 적에 나비를 쳐서 잡는 일이나, 개미를 밟아 으깨는 일이나, 벌을 잡아 죽이는 등 미물을 죽이는 일들은 반드시 통절히 금해야 하느니, 이는 다만 산 것을 죽이는 살생이 될 뿐 아니라, 살생하는 마음을 성하게 돋우는 일이 되므로, 자라서도 인자한 마음을 쓸 줄 모르게 된다. 그러므로 마땅히 다음과 같이 그 정신을 가르쳐 놓아야 한다.

'그것들의 몸을 잡아 죽여 내 입을 달게 하고 몸을 살찌게 함은 바로 인(사랑)이 되지 못하느니라.

그 가족과 이별케 하여 나의 친척이나 벗들에게 잔치를 벌여 대접함은 바로 의(옳고 마땅함)가 되지 못하느니라.

그 육체를 죽게 하여 신명이나 사람에게 바치는 것은 바로 예(예모와 이치)가 아니니라.

복록과 운명을 그렇게 타고났다 하여 으레 비리고 노린 것을 먹어야 하는 줄 알면 바로 지(슬기로움)가 못 되느니라.

낚싯밥 차려 놓고 속여서 함정으로 끌어들이는 것은 바로 신(미더움)이 못 되느니라.'

인 열 오 상 지 도　　자 거 만 덕 지 선
仁列五常之道, 慈居萬德之先.

인자함은 오상의 첫머리에 자리 잡으며, 자비로움은 모든 덕의 앞에 놓고 있는 것이다.

입 훈 지 법　무 수 다 언　지 유 사 어　독 서 자 불 천　수 전 자 불 기　적 덕 자 불 경　택 교 자 불 패
立訓之法, 無須多言, 只有四語, 讀書者不賤, 守田者不飢, 積德者不傾, 擇交者不敗.

교훈을 정하는 법은 많은 말씀이 필요치 않고, 다만 네 말씀만 있으면 되느니, 독서하는 이는 천하지 않으며, 논밭을 지키는 이는 배고프지 않으며, 적덕(덕을 쌓음)하는 이는 형세가 기울지 않으며, 교우(친구 사귀기)를 가려서 하는 이는 패망하지 않는다는 것이다.

양 　자 불 교 여 양 저
養子不敎如養猪.

자식을 먹이고 입혀 기르기만 하고 가르치지 않으면 돼지 기르는 것과 같다.

此爲敎養之道也.

이것이 교양의 도다.

3. 애물지도(愛物之道 만물을 사랑하는 도)

少殺生命, 最可養心, 最可惜福, 一般皮肉, 一般痛苦, 物是下能言耳, 蜂蛾也,

害飢寒, 樓議都知疼痛, 誰不伯死而不求活, 故休要殺生害命.

생명을 되도록이면 죽이지 않는 것이 마음을 보양하는 데에 가장 옳은 일이며, 쌓아 놓은 복을 소중히 아끼는 데에도 가장 옳은 일이다. 몸뚱이도 우리와 똑같고, 다치면 아픈 것도 우리와 한가지인데, 그 만물들은 다만 말을 못할 뿐이다.

벌이나 나방 같은 미물도 배고프고 추우면 불안해하며, 개미라 할지라도 아픈 줄은 다 알고 있으며, 누구나 다 죽음을 무서워하고 살기를 바라고 있으니, 그러므로 우리는 산 것을 죽이거나 생명 있는 것을 해쳐서는 안된다.

天地只是個生物心, 聖人只是個愛物心, 與天地心相似, 百端用意, 只是如此.

하늘과 땅은 만물을 생육하는(살리는) 마음뿐이요, 성인은 만물을 애호(사랑)하는 마음뿐이어서, 하늘·땅과 마음이 닮은 것이니, 만사에 이렇게 마음을 써야 할 것이다.

天地與我並生, 萬物與我爲一.

천지는 나와 한때에 생하였으니, 만물은 결국 나와 하나일 뿐이다.

노오노이급인지노　유오유이급인지유
老吾老以及人之老, 幼吾幼以及人之幼.

　　나의 늙은이(부모와 어른)를 늙은이로 공경하여 나아가 남의 늙은이
도 그렇게 할 것이며, 나의 어린이(자식들)를 어린이로 사랑하여 나아가
남의 어린이도 그렇게 할 것이다.

천지지대덕왈호생　세인지대악왈살생　생명시세간최귀중적동서
天地之大德曰好生, 世人之大惡曰殺生, 生命是世間最貴重的東西,
살생시세간최비참적사정
殺生是世間最悲慘的事情.

　　천지의 가장 큰 은덕을 호생(생명을 살리기 좋아함)이라 하며, 세상
사람의 가장 큰 악한 일을 살생이라 하느니, 생명은 이 세상에서 가장
귀중한 것이요, 살생은 이 세상에서 가장 비참한 일이다.

차위애물지도야
此爲愛物之道也.

　　이것이 만물을 사랑하는 도이다.

4. 교우지도(交友之道 벗을 사귀는 도)

근주자적　근묵자흑　흑여백교　흑능오백　백불능엄흑　향여취혼　취능승향
近朱者赤, 近墨者黑, 黑與白交, 黑能汚白, 白不能掩黑, 香與臭混, 臭能勝香,
향불능적취　차군자소인상공지대세야
香不能敵臭, 此君子小人相攻之大勢也.

　　주사를 가까이 하는 이는 붉은 물이 들고, 먹을 가까이 하는 이는 검
은 물이 든다. 검은색과 흰색이 서로 사귀면, 검은색은 능히 흰색을 더
럽힐 수 있어도 흰색은 검은색을 가릴 수 없으며, 향내와 악취가 섞이
면 악취는 능히 향내를 이길 수 있지만, 향내는 악취를 당해내지 못하
는 것이다.

　　이는 군자와 소인이 서로 침공하는 대세이다.

범우대아수호 이대타우 매다부정자 필유소자어아 약아무가자 피역부정대아의
凡友待我雖好, 而待他友, 每多不情者, 必有所藉於我, 若我無可藉, 彼亦不情對我矣!

대개 벗이 나를 대접하기를 아무리 잘하더라도, 딴 벗에 대하여 언제나 정답게 하지 못하는 이는 반드시 나에게 의지하여 얻으려 하는 일이 있음이라. 만약 나에게 의지할 만한 일이 없으면 저가 나에게도 정답게 대하지 않을 것이다.

무신지붕우 교지공개지적위우악 군자선택이후교 고과우소인선교이후택고다원
無信之朋友, 較之公開之敵爲尤惡, 君子先擇而後交, 故寡尤小人先交而後擇故多怨.

신의가 없는 벗은 공개적으로 적대하는 원수보다도 더욱 나쁘다. 군자는 먼저 고른 뒤에 사귀므로 탓할 일이 적으나, 소인은 사귄 뒤에 가리므로 원망할 일이 많다.

군자여군자이동도위붕 소인여소인이동리위붕
君子與君子以同道爲朋, 小人與小人以同利爲朋.

군자와 군자는 같은 도로써 벗을 삼고, 소인과 소인은 같은 이해관계로 벗을 삼는다.

유전유주다붕우 급난하회견일인
有錢有酒多朋友, 急難何會見一人.

돈이 있고 술이 있을 땐 친구가 많지만, 위급하고 곤란할 때는 눈 씻고 보려 해야 아무도 없다.

차위교우지도야
此爲交友之道也.

이것이 벗과 사귀는 도이다.

5. 대인지도(待人之道 남을 대우하는 도)

아이후대인 인이박대아 비박야 시아후미지야 아이예대인 인이학대아
我以厚待人, 人以薄待我, 非薄也, 是我厚未至也. 我以禮待人, 人以虐待我,

비학야 시아예미지야 연후즉후의예의 피부박학자 시아명야 피하죄야
非虐也, 是我禮未至也. 然後則厚矣禮矣! 彼復薄虐者, 是我命也, 彼何罪也,

시 이 군 자　불 원 천　불 우 인
是以君子, 不怨天, 不尤人.

　　나는 남을 후하게 대접하는데도 남은 나를 박하게 대접함은 박함이 아니요, 나의 후함이 지극하지 못함이다.

　　나는 남을 예로써 대접하는데도 남은 나를 모질게 대접함은 모짐이 아니요, 나의 예가 지극하지 못함이다. 그렇게 한 후에는 후하고 예모가 있을 것이나, 그래도 저가 박대하고 학대하면 이것은 나의 운명이니, 그에게 무슨 죄가 있겠는가? 이러므로 군자는 하늘을 원망하지 않으며, 남을 탓하지 않는 것이다.

범 여 인 교　불 가 구 일 시 친 밀
凡與人交, 不可求一時親蜜.

　　쉽사리 기뻐하는 사람은 틀림없이 성내기 쉬운 사람이다.

유 준 예 치 경　불 견 호　역 불 초 우　소 이 담 이 가 구 시 야
惟遵禮致敬, 不見好, 亦不招尤, 所以淡而可久是也.

　　오직 예를 지키고 지극히 공경하며 잘 보이려 하지 않으면 탓 들을 일도 없을 것이다. 그러므로 담담하면 오래갈 수 있다는 말이 바로 그것이다.

교 천 언 심 자　우 야　재 천 이 망 귀 야　혹 야　미 신 이 납 충 자　방 야
交淺言深者, 愚也, 在賤而望貴者, 惑也, 未信而納忠者, 謗也.

　　얕게 사귀면서 깊은 말을 하는 이는 어리석고, 천한 자리에 있으면서 귀하기를 바라는 이는 미혹하고, 믿지 못하면서도 충성을 바치거나 받아들임은 비방당함이다.

황 금 자　치 어 화 중　시 지 기 질 경　우 의 자　당 액 곤 지 제　시 지 기 불 가 결 야
黃金者, 置於火中, 始知其質硬, 友誼者, 當厄困之際, 始知其不可缺也.

　　황금은 불 속에 집어넣어 보아야 비로소 그 바탕이 단단함을 알 수 있으며, 우의(친구간의 정의)는 곤란함을 당한 때에야 비로소 꼭 있어야 함을 알 수 있다.

此爲待人之道也.

이것이 사람을 대우하는 도이다.

6. 처세지도(處世之道 처세하는 도)

能知足者, 天不能貧能無求者, 天不能賤能外形骸者, 天不能病能不貪生者, 天下能

死能隨遇而安者, 天不能困能造就人才者, 天下能孤能以身任天下後世者, 天不能絶.

능히 넉넉함을 아는 이는 하늘이 가난하게 할 수 없으며, 능히 구함이 없는 이는 하늘이 천하게 할 수 없으며, 형해(몸뚱이)를 외면할 수 있는 이는 하늘이 병들게 하지 못하며, 능히 살기를 탐내지 않는 이는 하늘이 죽게 하지 못하며, 당하는 대로 평안할 수 있는 이는 하늘이 곤란하게 하지 못하며, 인재를 양성할 수 있는 이는 하늘이 외롭게 하지 못하며, 몸을 내놓아서 천하와 후세에 맡길 수 있는 이는 하늘이 후사가 끊기게 하지 못한다.

眼要亮, 亮不喫汚, 口要謹, 謹不惹禍膽要小, 小不妄爲氣要平, 平不執拗.

눈은 밝아야 하느니 밝으면 손해 보지 않으며, 입은 조심해야 하느니 조심하면 앙화를 부르지 않으며, 담은 작아야 하느니 작으면 망령된 짓을 하지 않으며, 기는 평온하여야 하느니 평온하면 몹시 끈덕지지 않는다.

好勝必敗, 務名多毁.

이기기를 좋아하면 반드시 지게 되고, 이름 나기를 힘쓰면 헐뜯김이 많다.

호 면 예 인 자　　역 호 배 면 훼 지
好面譽人者, 亦好背面毁之.

　　그 사람 앞에서 치켜세우기 좋아하는 사람은 돌아서서 안 보는 데서는 헐뜯기를 좋아한다.

이 경 자 조 자　　견 형 용　　이 인 자 조 자　　견 길 흉
以鏡自照者, 見形容, 以人自照者, 見吉凶.

　　거울로 자기를 비추어 보는 이는 얼굴 모습을 보고, 사람으로 자기를 비추어 보는 이는 길흉을 본다.

지 이 불 위　　불 여 물 지　　친 이 불 신　　불 여 물 친
知而不爲, 不如勿知, 親而不信, 不如勿親.

　　알고도 하지 않음은 알지 못함만 같지 못하고, 친한데도 믿지 않음은 친하지 않은 것만 더 못하다.

차 위 처 세 지 도 야
此爲處世之道也.

　　이것이 세상에 처하는 도이다.

7. 계음지도(戒淫之道 사음을 경계하는 도)

자 처 첩 이 외　　개 위 비 기 지 색　　음 인 처 녀　　처 녀 인 음 요 수 절 복　　태 태 자 손　　개 유 명 험 현
自妻妾而外, 皆爲非己之色, 淫人妻女, 妻女人淫夭壽折福, 殆貽子孫, 皆有明驗顯

보　세 인 당 갈 력 보 수　　시 차 신 여 백 옥　　일 실 수 즉 분 쇄　　시 차 사 여 명 독　　일 입 구 즉 입 사
報, 世人當竭力保守, 視此身如白玉, 一失手卽粉碎, 視此事如鳴毒, 一入口卽立死,

수 수 견 인　　종 신 수 용　　일 념 지 차　　만 겁 막 상　　가 외 재
須臾堅忍, 終身受用, 一念之差, 萬劫莫償, 可畏哉!

　　자기의 아내 이외는 모두 색정의 대상이 못 된다. 만약 남의 아내나 딸을 간음하면, 나의 아내와 딸이 남에게 음행을 당하며, 수와 복도 요절이 나고, 앙화가 자손에게까지 넘어가는 것이 확실한 증거와 뚜렷한 보복으로 나타난다. 세상 사람들은 마땅히 힘을 다하여 보전하여 수호하며, 이 몸을 보기를 티 없는 백옥같이 하여야 한다. 한번 실수하여 놓

치면 산산조각 나는 것이요, 이 일은 진주의 독이 한번 입에 들어가면 그 자리에서 죽는 것처럼 여겨, 잠깐만 굳게 참으면 종신토록 쓸모가 있지만, 한 생각만 어긋나도 만겁을 지내도록 갚을 길 없는 죄가 되니 참으로 두렵다!

인도백귀　독불가중유장분지귀　광인신귀　인도백호　독불백상상유동안지호
人都伯鬼, 獨不家中有粧粉之鬼, 鑛人神魂, 人都伯虎, 獨不伯床上有同眼之虎,

흘인골수　인도백사　독불백금중유전인지사　흡인혈기　인도백적
吃人骨髓. 人都伯蛇, 獨不伯衾中有纏人之蛇, 吸人血氣. 人都伯賊,

독불백야간유도양지적　도인생명　색지해인야　대의재　절절계지
獨不伯夜間有盜陽之賊, 盜人生命. 色之害人也, 大矣哉, 切切戒之.

사람은 누구나 귀신은 무서워하면서 집안에 분 바른 귀신이 있어 사람의 정신과 혼을 옭아 가는 것은 무섭다 하지 않는다. 사람은 누구나 범은 무서워하면서, 침대에서 함께 자는 범이 있어 사람의 뼛골을 먹어 버리는 것은 무섭다 하지 않는다. 사람은 누구나 뱀은 무서워하면서, 이불 속에 사람을 휘감은 뱀이 있어 사람의 피와 기운을 빨아먹는 것은 무섭다 하지 않는다. 사람은 누구나 도둑은 무서워하면서, 양기를 도둑질하는 도둑이 있어 사람의 생명을 도둑질하는 것은 무섭다 하지 않는다. 색이 사람을 해침은 엄청나다. 경계해야 할 일이다.

8. 전재(錢財 돈과 재물)

전재시세간윤유지공물야　금일득지　명일실지　득득실실　무유한기야
錢財是世間輪流之公物也, 今日得之, 明日失之, 得得失失, 無有限期也,

생리지성패　여전재지득실　시위전생지인과응보　기유희우지리호
生理之成敗, 如錢財之得失, 視爲前生之因果應報, 豈有喜憂之理乎.

재물은 세상에 돌고 도는 공적인 물건이라, 오늘 얻었으면 내일은 잃게 되며, 얻고 잃고 하는 것이 기한도 없으니, 사는 이치의 성공하고 실패함도 재물을 얻고 잃는 것과 마찬가지로 전생의 인과응보로 보면 어찌 기뻐하고 근심할 이치가 있겠는가?

군 자 애 재　취 지 유 도　불 의 지 재　어 아 여 부 운
君子愛財, 取之有道, 不義之財, 於我如浮雲.

　군자는 재물을 아끼되 취하는 데 도가 있으니 의롭지 못한 재물은 나에게는 뜬구름과 같다.

화 무 백 일 홍　인 무 천 일 호　하 황 전 재 어 아 능 유 항 구 자 재　천 지 지 대 윤　만 물 지 소 윤
話無百日紅, 人無千日好, 何況錢財於我能有恒久者哉, 天地之大輪, 萬物之小輪,

우 주 간 개 불 탈 윤 회 지 중　이 부 귀 빈 천 가 면 지 호　걸 식 역 유 삼 년 호 운　성 재 시 언 야
宇宙間皆不脫輪廻之中, 而富貴貧賤可免之乎, 乞食亦有三年好運, 誠哉是言也.

　꽃은 백 날을 붉어 있는 것이 없고, 사람은 천 날 동안이나 좋을 수 없다고 하는데, 하물며 재물이 나에게 어찌 항상 붙어 있을 것인가? 천지는 큰 바퀴로 만물은 작은 바퀴로, 우주 간에 있는 모든 것은 윤회 속에서 벗어날 수 없거늘, 부귀와 빈천을 면할 수 있을 것인가? 밥을 얻어먹는 거지에게도 3년은 좋은 운수가 있다는 말은 진실로 옳은 말이다.

9. 주색재기(酒色財氣 술과 여색과 재물과 화)

두 강 조 주 추 침 륜　지 금 미 란 세 간 인　경 가 패 국 상 생 명　오 백 년 계 주 위 선　주 념 요 제 근
杜康造酒墜沈淪, 至今迷亂世間人, 傾家敗國傷生命, 五百大戒酒爲先, 酒念要除根,

난 성 미 진 군 자 취　호 언 난 어 야 시 비
亂性迷眞君子醉, 胡言亂語惹是非.

　두강은 술을 만들고 그 속에 빠졌으니, 지금도 세상 사람들 흐리멍덩하게 하여 집안과 나라가 패망하고 생명마저 상하므로, 오백 가지 큰 계행에서 첫째가 술이라.

　'술'이란 생각은 뿌리를 뽑아 버려야지, 아무리 군자라 해도 정신이 혼란하고 분간 못하며, 아무 말이나 마구 지껄이며 시비를 일으킨다.

서시상국경성모　전퇴오왕불용병　영웅진상홍라장　불견강도회살인　색념요제근
西施喪國傾城貌, 戰退吳王不用兵, 英雄盡喪紅羅帳, 不見鋼刀會殺人, 色念要除根,

백미천교미혼진　도정도기도원신
百媚千嬌迷魂陣, 盜精盜氣盜元神.

　월나라 서시는 절세미인이었는데, 오왕 부자는 전쟁에서 싸울 생각도 않고 폭 빠져 성도 나라도 뺏겼다. 영웅이 모두 붉은 비단 장막 안에서 죽었으니, 칼 없이 사람 죽이는 것이 바로 이것을 두고 하는 얘기다.

　'색'이란 생각일랑 뿌리째 뽑아 버려야지, 갖은 아양과 교태는 싸움터의 장병의 얼을 빼앗고, 원정·원기·원신을 모조리 도둑질한다.

제일호부석숭공　퇴금적옥호문풍　가재적국상도모　사후철수야성공　재념요제거
第一豪富石崇公, 堆金積玉好門風, 家財敵國尙圖謀, 死後撤手也成空, 財念要除去,

견리미심잔자성　만관임종속타인
見利迷心殘自生, 萬貫臨終屬他人.

　천하에서 제일 부호는 석숭이라 하였으며, 금과 옥을 산더미로 쌓아 두고 호사하여 기풍도 좋아 뵈더니, 가재를 적국에선 아직도 넘보기 때문에 결국 죽은 후엔 맨손이라 허망하구나.

　'재물'이란 생각은 떼어 버려야지, 이익 있음을 보면 마음이 어두워져 생애를 망쳐 놓으니, 만관 재산도 죽을 때는 모두 남의 것이다.

노기충천사화우　미증촉도불주산　당관당비당차철　식득인생경각간
怒氣沖天似火牛, 未曾觸倒不週山, 當觀螳臂鐺車轍, 識得人生頃刻間,

기념요제거　발노성진투쟁강　경범법률중명상
氣念要除去, 發怒成嗔鬪爭强, 輕犯法律重命傷.

　성난 황소처럼 하늘을 찌를 듯이 화를 내더라도 산을 통째로 뿔로 받아 넘어뜨린 일은 없고, 버마재비가 팔꿈치로 다가오는 수레를 막으려는 것과 같으니, 아무리 기를 내어 잘난 체해도 인생은 짧다는 것을 알아야 한다.

　기라는 생각은 없애야지, 화난다고 성내어 마구 싸우면 경솔히 법률을 어기며 귀중한 목숨만 상하게 된다.

주사교룡불가탄　색여망가재국근　재사독약총성해　기여맹호요상인
酒似蛟龍不可吞, 色如亡家財國根, 財似毒藥總成害, 氣如猛虎要傷人.

　　술이란 교룡 같으니 마시지 말고, 색은 집안과 나라 모두를 망친다.

재물은 독약과 같아 해롭기만 하고, 기란 호랑이 같아 사람을 죽인다.

10. 인의지심(仁義之心 인의의 마음)

맹자왈　인인심야　의인로야　사기로이불유　방기심이부지구　애재　인유계견방
孟子曰, 仁人心也, 義人路也. 舍其路而弗由, 放其心而不知求, 哀哉, 人有鷄犬放,

즉지구지　유방심이부지구　학문지도무타　구기방심이이의
則知求之, 有放心而不知求, 學問之道無他, 求其放心而已矣.

　　맹자 말씀이, 인은 인심, 즉 사람의 본래 마음이요, 의는 사람이 가야
할 길이니라. 그 길을 버리고 따르지 않으며, 그 마음을 놓아 버리고 찾
을 줄을 모르니 슬프구나! 사람들이 닭이나 개가 어디 가고 없어지면
바로 찾을 줄은 알지만, 마음이 달아났어도 찾을 줄을 모르는구나! 학문
의 도는 딴 데 있는 것이 아니라, 그 잃어버린 마음을 찾는 것이라고
하셨다.

맹자왈　금유무명지지　굴이부신　비질병　해사야　여유능신지자　즉불원주초지로
孟子曰, 今有無名之指, 屈而不信, 非疾病, 害事也, 如有能信之者, 則不遠奏楚之路,

위지지불약인야　지불약인즉지악지　심불약인즉부지악　차지위부지유야
爲指之不若人也, 指不若人則知惡之, 心不若人則不知惡, 此之謂不知類也.

　　맹자 말씀이, 지금 가령 무명지가 굽어서 펴지지 않는 것이 병 되고
아프며 일에 해로운 것이 아니건만, 만약 그것을 펴지게 해줄 수 있는
이가 있다면, 진나라나 초나라라도 멀다 않고 찾아갈 것이니, 그것은 손
가락이 남과 같지 않기 때문이니라. 손가락이 남과 같지 않으면 싫어할
줄 알면서, 그보다 더 중요한 마음이 남과 같지 못할 때는 싫어할 줄을
모르니, 이를 일러 중하고 경한 따위를 분간할 줄 모른다고 하셨다.

맹 자 왈　　어 아 소 욕 야 웅 장　　역 아 소 욕 야　　이 자 불 가 득 렴　　사 어 이 취 웅 장 자 야
孟子曰, 魚我所欲也熊掌, 亦我所欲也. 二者不可得簾, 舍魚而取熊掌者也.

생 아 소 욕 야 의　　역 아 소 욕 야　　이 자 불 가 득 렴　　사 생 이 취 의 자 야
生我所欲也義, 亦我所欲也, 二者不可得簾, 舍生而取義者也.

맹자 말씀이, 생선을 내가 구하고자 하는 것이요 웅장(곰의 발바닥)도
내가 구하고자 하는 것이지만, 둘을 다 한꺼번에 얻지 못하겠거든 생선
을 버리고 더 맛 좋은 웅장을 취하리라. 살기를 내가 구하고자 하며, 의
리도 내가 구하고자 하는 것이지만, 둘 다 겸하지 못하게 될 바에는 차
라리 살기를 버리고 의리를 취하리라고 하셨다.

자 왈　　지 사 인 인　　무 구 생 이 해 인　　유 살 신 이 성 인
子曰, 志士仁人, 無求生以害仁, 有殺身以成仁.

공자 말씀이, 뜻을 세운 선비와 어진 이는 마음이 작정되어 움직이지
않으므로, 몸뚱이 살기를 위하여 어짊(마음)을 해롭게 하지 않고, 몸을
죽여서라도 어짊(마음)을 이루느니라고 하셨다.

차 위 판 별 인 의 지 심 지 대 법 야
此爲判別仁義之心之大法也.

이것이 인의의 마음을 판별하는 큰 법이다.

11. 호생지덕(好生之德 용서하고 살려주는 덕)

천 지 지 대 덕 왈 호 생　　세 인 지 대 악 왈 살 생　　생 명 시 세 간 최 귀 중 적 동 서　　살 생 시 세 간 최 비
天地之大德曰好生, 世人之大惡曰殺生. 生命是世間最貴重的東西, 殺生是世間最悲

참 적 사 정　　상 제 호 생 시 각 수 기 생 이 지 생　　식 물 재 시 위 인 흘 이 생 적　　여 설 중 생 본 위 인 흘
慘的事情, 上帝好生是各隨其生而之生, 植物才是爲人吃而生的, 如說象生本爲人吃

이 생 적　　즉 산 중 적 노 호 사 자 웅 랑 등 호 식 인 육　　난 도 설 상 제 생 인 야 시 양 노 호 사 자 웅 랑 등
而生的, 則山中的老虎獅子熊狼等好食人肉, 難道說上帝生人也是讓老虎獅子熊狼等

흘 득 마
吃得嗎?

천지의 대덕은 호생(살리기를 좋아함)이라 하고, 세상 사람의 대악은
살생이라 한다.

생명은 세상에서 가장 귀중한 것이요, 살생은 세상에서 가장 비참한 일이다. 명명상제님(하느님)이 살리기를 좋아하심은 각기 생각하는 대로 살리시는 것이며, 식물은 사람이 먹도록 해야 하므로 살리는 것이다. 그런데 만일 중생(동물)은 사람이 먹도록 하기 위해 살리신다고 한다면, 곧 산중에 사는 호랑이나 사자·곰·이리 등은 사람 고기를 잘 먹는데, 설마 명명상제님이 사람을 살리시는 것도 역시 호랑이나 사자·곰·이리들이 먹도록 살리시는 것이라고 말할 수 있다는 말은 아니지 않은가.

如果老虎把爾的兒子吃了, 爾一定非常痛心, 非我老虎算帳不可, 但是老虎凶狼力大,

又鞭得快, 爾也只有從自怨恨而已! 這叫做弱肉强食. 人吃衆生的肉, 亦復如此,

違背天地大德, 終有報應的.

만약에 호랑이가 당신의 아들을 잡아먹었다면 당신은 틀림없이 대단히 마음 아파하여, 당장에 그 호랑이를 찾아내어 원수를 갚지 않고는 못 배길 것이다. 다만 호랑이가 흉악하고 힘이 세며 날쌔기도 하니, 별수 없이 그저 공연히 혼자 원망하고 한탄만 할 것이다. 이것을 약육강식이라 한다. 사람이 중생의 고기를 먹는 것도 이와 마찬가지라, 천지의 대덕을 배반하여 어기는 것이니 끝내는 보응이 있게 된다.

人齒平與牛羊相似, 本應吃齋, 虎獅狗猫齒尖, 才吃肉. 三字經云, 稻梁菽, 麥黍稷,

此六穀, 人所食, 馬牛羊, 鷄犬豕, 此六畜, 人所飼.

사람의 치아는 말·소·염소 등 풀 먹는 것들과 닮았으니, 본래 소식(채식)하게 되어 있으며, 호랑이·사자·개·고양이들의 이는 뾰족한지라 고기를 먹을 수 있다.

삼자경에 이르기를 벼·기장·콩·보리·조·피를 일러 육곡(곡식)이라 했으니 이는 사람이 먹는 것이요, 말·소·염소·닭·개·돼지를 일러 육축이라 했으니 사람이 기르는 것이라고 하였다.

12. 삼심(三心 세 가지 마음)

순자언성악 상야 혈심야 고자언성유불선 기야 인심야 맹자언성선 이야 도심야
荀子言性惡 象也 血心也, 告子言性有不善 氣也 人心也. 孟子言性善 理也 道心也.

　순자의 말은 성은 악하다 하였으니 상이요 혈심이며, 고자의 말은 성은 선도 있고 선하지 못한 것도 있다 하였으니 기요 인심이며, 맹자의 말씀은 성은 선하다 하였으니 이요 도심이다.

〈참고〉

견 난 불 구　견 선 질 투　손 인 이 기　해 중 이 안 신　사 불 회 성　감 작 지 옥 지 귀
見難不救, 見善嫉妬, 損人利己, 害衆以安身, 死不悔腥, 甘作地獄之鬼,

팽 배 흉 용　위 태 유 여 풍 랑　일 혈 심 야
澎湃凶湧, 危殆猶如風浪. 一血心也.

　남의 고난당하는 걸 보고도 구제하지 않으며, 남의 착한 일 하는 걸 보고는 질투하며, 여러 사람을 해쳐 제 몸 편안히 하면서, 죽어도 잘못을 깨닫지 못하고 뉘우쳐 고칠 생각도 아니하니, 지옥의 귀신 노릇을 좋아라고 하는 꼴이 풍랑이 높이 일어 출렁 철썩 밀려오는 것처럼 위태하다. 일혈심이니라.

견 난 이 시　시 이 망 보　불 보 즉 계 지 이 노　분 별 이 아　강 쟁 고 영　일 인 심 야
見難而施, 施而望報, 不報則繼之以怒, 分別爾我, 强爭枯榮. 一人心也.

　남의 곤란을 보고 베풀기는 하되 베푼 후 보답받기를 바라며, 보답하지 않으면 바로 성내고 너와 나를 분별하며, 영고성쇠 속에서 다투면서 사는 것, 일인심이니라.

사 기 위 인　위 공 무 사　심 여 천 지 동 류　신 여 지 도 위 배　호 연 정 기　섭 호 우 주　일 도 심 야
捨己爲人, 爲公無私, 心與天地同流, 神與至道爲配, 浩然正氣, 涉乎宇宙. 一道心也.

　나를 버리고 남을 위하며, 공을 위하고 사가 없으며, 마음은 천지와

함께 흘러 원신과 지극한 도가 짝이 되어, 호연한 바른 기운이 우주에 넘쳐 다니는 것, 일도심이니라.

명차삼자 즉지인지성 실인기상이리매몰의 이어고유지야
明此三者, 則知人之性, 實因氣象而理埋沒矣. 理語固有之也.

이 세 가지를 똑똑히 알게 되면 사람의 성품을 알게 되는 것이지만, 실상은 기와 상 때문에 이치가 매몰당하는 것이다. 이치는 내가 본래부터 가지고 있는 것이다.

13. 오의(五儀 다섯 가지 모습)

공자왈 인유오의 유용인 유사인 유군자 유현인 유성인
孔子曰, 人有五儀, 有庸人, 有士人, 有君子, 有賢人, 有聖人.

공자 말씀이, 사람에는 다섯 가지 모습이 있으니, 범용한(보통) 사람도 있고, 선비도 있고, 군자도 있고, 현인도 있고, 성인도 있느니라고 하셨다.

(1) 소위용인자(所謂庸人者)

심부존신종신규 구불토훈격지언 불택현이탁기신 불력행이자정 견소음대
心不存愼終之規, 口不吐訓格之言, 不擇賢以托其身, 不力行以自定, 見小闇大,

부지소무 종물소류 부지소집 차용인야
不知所務, 從物所流, 不知所執, 此庸人也.

이른바 범용한 사람이란, 마음에 끝마침을 조심하는 규모를 두지 않으며, 입으로는 교훈이나 법칙이 될 말을 하지 않으며, 어진 이를 가려서 그 몸을 의탁하지 않으며, 힘써서 제 마음을 정하려 하지 않으며, 조그마한 것만 보고 큰 것에는 눈이 어두우며, 힘써 할 바를 모르고 물건 떠돌아가는 것이나 쫓아다니면서 어찌할 줄을 모르느니, 이것이 범용한 사람이다.

(2) 소위사인자(所謂士人者)

심유소정　계유소수　수불능진도술지본　필유솔야　수불능비백선지미　필유처야
心有所定, 計有所守, 雖不能盡道述之本, 必有率也, 雖不能備百善之美, 必有處也,

시고지불무다　필심기이지　행불무다　필심기소유　지기지지　언기도지　행기유지
是故知不務多, 必審其以知, 行不務多, 必審其所由, 知旣知之, 言旣道之, 行旣由之,

즉약성명여형해　　불가역야　부귀부족이익　빈천부족이손차사인야
則若性命與形骸, 不可易也, 富貴不足以益, 貧賤不足以損此士人也.

　이른바 선비란, 마음은 정함이 있으며 계획은 절조를 지키는 바가 있어, 비록 도술의 근본을 다 깨닫지는 못해도 반드시 본받아 따름이 있고, 비록 여러 가지 착한 일이 다 훌륭하지는 못하나 처리함에 자리가 잡혀 있으니, 이런 고로 많이 알려고 힘쓰지 아니하되 반드시 그 말미암은 까닭을 살피며, 이미 알려진 것을 알고, 이미 말한 것을 말하고, 이미 말미암음이 있는 일을 행하니, 즉 성명과 신체는 바꿀 수 없으며, 부귀는 더하기를 바랄 것이 못 되며, 빈천도 덜할 것이 못 된다는 것처럼 아느니, 이는 선비이다.

(3) 소위군자자(所謂君子者)

언필충신이심불원　인의재신이색무벌　사려통명이사부쟁　독행신도
言必忠信而心不怨, 仁義在身而色無伐, 思慮通明而辭不爭, 篤行信道,

자강불식　유연약장가월이어불가급자　군자야
自强不息, 油然若將可越而於不可及者, 君子也.

　이른바 군자란, 말은 반드시 충실하고 미덥게 하며 마음으로 원망함이 없고, 몸으로 인과 의를 행하되 겉으로 뽐내지 않으며, 사려함은 환하게 통달하였으되 사양하고 다투지 않으며, 행실을 돈독히 하고 도를 믿으며, 쉬지 않고 스스로 노력하며, 생기가 자꾸 솟아 장차 경지를 뛰어넘을 것 같으면서도 미치지 못한 것같이 하는 이가 군자다.

(4) 소위현인자(所謂賢人者)

덕불유한　행중규승　언족이법천하이불상어신　도족이화백성이불상어본
德不踰閑, 行中規繩 言足以法天下而不傷於身, 道足以化百姓而不傷於本,

부자천하무원재　시자천하무병빈　차현인야
富者天下無怨財, 施者天下無病貧, 此賢人也.

　　이른바 현인이란, 덕은 규범을 벗어나지 않으며, 행실에는 정연한 규율이 있으며, 말은 족히 천하가 본받을 만하되 몸을 상하지 않으며, 도력은 족히 백성을 덕화하되 근본을 다치지 않으며, 부자가 되더라도 천하에 원망을 사서 모은 재물이 하나도 없고, 베풀어 주매 천하에 병들고 가난한 이가 없게 되니, 이는 현인이다.

(5) 소위성인자(所謂聖人者)

덕합어천야　변통무방　궁만사지시종　협서품지자연　부기대도이수성정
德合於天地, 變通無方, 窮萬事之始終, 協庶品之自然, 敷其大道而遂性情,

명병일월　화행약신　하민부지기덕　도자불식기린　차성인야
明並日月, 化行若神, 下民不知其德, 睹者不識其鄰, 此聖人也.

　　이른바 성인이란, 천지와 덕이 합하여 똑같으며, 변통 자재하여 한이 없으며 모든 일의 시작부터 끝마침까지 환히 통하며, 여러 물건들이 제대로 제 구실을 하도록 도와주며, 대도를 펴매 이성과 감정을 쓸 자리에 완전히 쓰며, 밝기는 해와 달과 똑같고, 남을 감화시키기를 신명처럼 하는데, 아래층 백성들은 그 덕을 알지 못하며, 만나서 뵙는 이도 그가 이웃에 살고 계시는 줄을 모르게 하니, 이것이 성인이다.

14. 오상(五常 일상의 다섯 가지 도리)

인의예지신시주인필비적조건　능수오상적　재불괴위당당지일개인　인위인구유오
仁義禮智信是做人必備的條件, 能守五常的, 才不愧爲堂堂地一個人, 因爲人具有五

상적미덕　소이불괴화천지병칭위삼재　불괴위만물지영　단시일단범료살계취파인
常的美德, 所以不愧和天地並稱爲三才, 不愧爲萬物之靈, 但是一旦犯了殺戒就把人
지소이위인적미덕통도훼도립
之所以爲人的美德統都毀掉啦.

　인의예지신은 사람이면 누구나 꼭 갖추어야 할 조건이요, 이 오상을 지킬 수 있는 이라야 당당한 일개 사람으로서 부끄럽지 않을 것이다. 사람은 오상의 미덕을 다 갖고 있기 때문에 천지와 더불어 삼재라고 하여 어깨를 나란히 함에도 부끄러울 것 없고, 만물의 영장으로서도 부끄럽지 않은 것이지만, 그러나 일단 살생의 계율을 범하면 사람 된 미덕은 온통 허물어질 것이다.

15. 우언(牛言 소의 말씀)

범인청아설근유　세간최고시경우
凡人聽我說根由. 世間最苦是耕牛.

　사람들아, 내 말의 연유와 설명을 들어 보라. 세상에서 괴로운 건 논밭 가는 소의 신세니라.

춘하추동의용력　사시신고미증휴
春夏秋冬宜用力. 四時辛苦未曾休.

　춘하추동 어느 때나 줄곧 부려대니, 일년 내내 고생이 지독스러우나 쉴 사이 전혀 없네.

뢰파견상천근중　마경백만견상추
犁把肩上千斤重. 馬鞭百萬肩上抽.

　천 근이나 되는 쟁기 두 어깨를 짓누르고, 마구 내려치는 채찍 백만 번도 더 될거야.

악언악어제반매　갈성쾌주감정류
惡言惡語諸般罵, 喝聲快走敢停留.

　이라쪼쪼 자라쯧쯧 어서 가자 이놈의 소, 욕먹으며 끌어야지 멈췄다

간 큰일이요.

전 토 견 경 경 불 동　두 중 무 초 누 쌍 류
田土堅硬耕不動. 肚中無草淚雙流.

　　진흙땅 논 단단하여 갈려 해도 꼼짝 않고, 뱃속 비어 허기지니 흐르느니 눈물이라.

지 망 조 조 내 방 아　수 지 경 도 오 시 두
指望早早來放我. 誰知耕到午時頭.

　　나 좀 쉬게 어서 놓아 주었으면 하지만, 정오 때가 다 되도록 밭갈이 할 줄 참 몰랐네.

기 아 흘 구 전 중 도　전 가 대 소 매 온 우
飢餓吃口田中稻. 全家大小罵瘟牛.

　　배고픔을 참지 못해 벼 몇 포기 먹었더니, 온 식구가 나서서 병든 소를 꾸짖는다.

일 년 도 시 흘 적 초　종 득 전 화 이 자 수
一年都是吃的草. 種得田禾爾自收.

　　일년 내내 먹이는 것 그 모두가 풀뿐이요, 논밭에다 심은 곡식 저희들이 거둬 가며,

정 미 백 미 반 반 흘　유 미 주 주 청 친 우
程米白米飯飯吃. 孺米做酒請親友.

　　멥쌀로 밥을 지어 하얀 옥식 저만 먹고, 찹쌀로 술떡 빚어 친한 벗들 초대하며,

맥 속 면 화 제 반 유　지 마 두 곡 만 원 수
麥粟棉花諸般有. 芝麻豆穀滿園收.

　　보리와 밀, 수수와 조, 면화 모두 거둬 놓고, 참깨·들깨·콩과 팥도 그득하게 쌓아 놓곤,

취 식 가 녀 주 희 사　무 전 우 상 매 경 우
娶媳嫁女做喜事. 無錢又想賣耕牛.

　　자부 보랴 딸 시집보내 갖은 경사 치르다가, 돈이 모두 떨어지면 생각하노니 소 팔기라.

견아노래무력기　매여도행주채우
見我老來無力氣. 賣與屠行做菜牛.

　　나를 보고 이 소 늙어 힘 못 쓰니 별 수 없다. 끌어다가 도살장에 팔

아넘겨 고기 먹지.

납부취파인후할　박피할육유하구
納縛就把咽喉割. 剝皮割肉有何仇.

　　움직이지 못하도록 묶어 매고 목을 따며, 가죽 떼고 살 베내니 무슨

원수 졌단 말인가.

안루왕왕설불출　파두추장선혈류
眼淚汪汪說不出. 破肚抽腸鮮血流.

　　눈물 펑펑 쏟아져도 말 한마디 못하는데, 배 가르고 창자 모두 끌어

내니 피바다라.

박아피래경고타　경천동지귀신수
剝我皮來鞭鼓打. 警天動地鬼神愁.

　　내 가죽을 벗겨다가 북을 매어 둥둥 치니, 하늘·땅도 귀신들도 깜짝

놀라 걱정하네.

매아지인궁득쾌　홀아지인결대구
賣我之人窮得快. 吃我之人結大仇.

　　나를 팔아넘긴 이는 궁색한 통 면했지만, 나를 잡아먹은 사람 큰 원

수를 맺는구나.

자세사량이살자　원원상보기시휴
仔細思量爾殺者. 寃寃相報幾時休.

　　자세히 생각하여 보라, 살생하는 사람들아. 원수 지고 원수 갚는 일

은 언제 끝날 건고.

16. 인류(人類)의 화복(禍福)

인류지화복　계어인심지선악　망염작광　극염작성　일인탐려　수천
人類之禍福, 繫於人心之善惡, 忘念作狂, 克念作聖, 一人貪戾, 數千萬人之生命爲之犧牲, 兩次大戰, 足以徵之.

인류의 화복은 인심의 선악에 달려 있다. 허망한 생각을 하면 미치광이와 같이 되고, 그 생각을 이겨내면 성인이 된다. 한 사람이 욕심 많고 포악하면 수천만의 생명이 그 야욕 때문에 희생된다는 것을 두 차례의 세계대전이 충분히 증명해주고 있다.

故根本救治之道, 須從道德痛下工夫, 從個人之誠意正心做起.

그러므로 근본적으로 건져내고 다스리는 도는, 도덕을 철저히 공부하는 개인의 성의와 바른 마음으로부터 시작해야 한다.

確認性宜率而不宜任, 欲宜制而不宜從, 財爲末而德爲本, 力居後而德

居先, 孝爲百善之首, 淫爲萬惡之源, 誠爲立德之始基, 中爲處世之正

道, 求人爲做人之先決條件, 力行爲成事之不易原則, 信義則國與國相處

之道以立.

그리하여, 본성은 거느려야지 내버려 둬서는 안 되며, 욕심은 억제해야지 내버려 둬서는 안 되며, 재물은 끝이요 덕이 근본이다. 그러므로 힘은 뒤에 있을 것이요 덕은 먼저 있는 것이며, 효도는 백 가지 선행의 머리며, 음행은 만 가지 악행의 근원이다. 그 중에 정성은 덕을 세우는 첫 바탕이며, 중용은 처세하는 올바른 길이며, 어진이를 찾는 일이 사람 가르치는 데 먼저 해결해야 할 일이다. 이와같이 힘써 실행하는 것이 일을 이루는 데 있어 바뀌지 않는 원칙이며, 신의로 나라끼리 서로 상생 대처하여 서는 길이 도라는 것을 확실히 알아야 한다.

범차균위공자소순순고계자　부독위국인　금일소수억역전인류소응
凡此均爲孔子所諄諄告誡者, 不獨爲國人, 今日所需抑亦全人類所應

허심이구지야
虛心以求智也.

　이것들은 다 공자께서 간곡히 훈계하신 것이다. 국민뿐만 아니라 오늘날 온 인류가 허심탄회하게 찾아야 할 것으로 긴급하게 요청되는 것이다.

운용 · 1 (運用 · 一)

운용(運用) · 1

己 몸 기	刀 칼 도	上 위 상 / 오를 상	品 물품 품 / 품수 품	一 한 일 / 한결같을 일
已 이미 이 / 따름 이	力 힘 력	下 아래 하 / 내릴 하	众 여러 중	三 석 삼
巳 뱀 사	刃 칼날 인	正 바를 정	劦 합할 협	五 다섯 오
矢 화살 시	忍 참을 인	止 그칠 지	皆 다 개	七 일곱 칠
失 잃을 실	双 돈수 돈	不 아니 불 / 없을 불	公 공평할 공 / 귀 공	九 아홉 구
勹 쌀 포	匚 그릇 방	小 작을 소	另 다를 령	二 두 이 / 둘 이
包 쌀 포	匸 감출 혜	爪 손톱 조	加 더할 가	四 넉 사 / 넷 사
勻 고를 균	冂 멀 경 / 거리 경	心 마음 심 / 염통 심	羽 날개 우 / 깃 우	六 여섯 육
均 고를 균	凵 입벌릴 감 / 감	必 반드시 필	比 견줄 비	八 여덟 팔
勿 말 물	几 책상 궤 / 궤 궤	少 적을 소 / 젊을 소	半 반 반	十 열 십

厶 사사로울 사 / 나 사	木 나무 목	旦 으뜸 단 / 아침 단	尤 더욱 우 / 탓할 우	午 낮 오
幺 작을 요	未 아닐 미	且 또 차	夭 일찍죽을 요	牛 소 우
糸 가는실 멱	末 끝 말	具 갖출 구	犬 개 견	生 날 생 / 살 생
系 이을 계	本 근본 본 / 책 본	直 곧을 직	太 클 태 / 가장 태 / 콩 태	年 해 년 / 나이 년
矣 어조사 의 / 말그칠 의	根 뿌리 근	真 참 진	豆 콩 두	歲 해 세
予 나 여 / 미리 예	禾 벼 화	田 밭 전	日 날 일	人 사람 인
矛 창 모	米 쌀 미	由 비로소 유	曰 가로 왈	入 들 입
務 힘쓸 무	釆 나눌 변	甲 만 갑 / 갑옷 갑	白 흰 백 / 아뢸 백	大 큰 대
用 쓸 용	番 번지 번	申 알릴 신 / 잔나비 신	百 일백 백	丈 장부 장 / 어른 장
勇 날랠 용	審 살필 심	伸 펼 신	昌 빛날 창 / 성할 창	尢 굽을 왕

士 선비 사	尸 주검 시	羊 염소 양	各 각각 각	天 하늘 천
土 흙 토	戶 집 호	善 착할 선 (잘 선)	冬 겨울 동	无 없을 무
壬 북방 임	𠂤 많을 부 (써이 부)	美 아름다울 미	夏 여름 하	旡 숨막힐 기
任 맡을 임	𠂤 쌓을 퇴	義 옳을 의	頁 머리 혈	牙 어금니 아
妊 아이밸 임 (임)	啓 열 계	養 기를 양	首 머리 수	炁 기운 기
主 주인 주 (임금 주)	什 세간 집 (열사람 십)	羨 부러워할 선 (선)	两 덮을 아	夂 뒤져올 치
表 겉 표	氏 성 씨 (각시 씨)	羨 땅이름 이 (이)	西 서녘 서	夊 천천히걸을 쇠
裏 속 리	氐 근본 저	略 간략할 략 (략)	酉 닭 유	久 오랠 구
哀 슬플 애	低 낮을 저	異 다를 이	酋 두목 추	夕 저녁 석
衰 쇠할 쇠	底 밑 저	累 더러울 루 (여러 루)	尊 높을 존	名 이름 명

侯	제후 후
候	기후 후
哉	어조사 재
裁	마름질할 재
載	실을 재 / 해 재
忽	문득 홀
悤	바쁠 총
唯	대답 유
惟	생각 유
維	멜 유 / 오직 유
形	얼굴 형
刑	형벌 형
辨	분별할 변
辯	말씀 변
辦	힘쓸 판
侍	모실 시
待	대접 대 / 기다릴 대
元	으뜸 원
先	먼저 선
光	빛 광
角	뿔 각
色	빛 색
急	급할 급
危	위태로울 위
詹	이를 첨
業	직업 업
對	대할 대
坐	앉을 좌
喪	초상 상
座	자리 좌
左	왼 좌
右	오른 우
佐	도울 좌
佑	도울 우
石	돌 석 / 섬 석
臼	절구 구 / 확 구
與	더불 여 / 줄 여
興	일어날 흥
學	배울 학
覺	깨달을 각
立	설 립
音	소리 음
意	뜻 의
憶	생각 억
億	억 억
卄	손맞잡을 공 / 스물 입
共	한가지 공
恭	공손할 공
甘	달 감
典	법 전 / 책 전

帥 장수 수	逐 쫓을 축	垂 드리울 수	隻 외짝 척	食 밥 식
師 스승 사	遂 드디어 수 (이룰 수)	乘 탈 승	友 벗 우	倉 창고 창
勞 수고로울 로	羞 장만할 수 (부끄러울 수)	畢 마칠 필	殳 칠 수	卷 책 권
營 꾀할 영	差 다를 차	華 빛날 화	支 지탱 지 (지출 지)	券 문서 권
榮 영화 영	着 붙을 착	棄 버릴 기	攴 칠 복	拳 주먹 권
烏 까마귀 오	了 마칠 료	聖 성인 성	卬 나 앙	占 점칠 점
鳥 새 조	孑 외로울 혈	賢 어질 현	卯 토끼 묘 (동방 묘)	点 점찍을 점 (점)
懷 품을 회	奉 받들 봉	識 기록할 지 (알 식)	今 이제 금	復 다시 부
壞 무너질 괴	泰 클 태	職 직업 직	令 부릴 령 (하여금 령)	腹 배 복
壤 흙덩이 양	春 봄 춘	織 짤 직	命 목숨 명 (운수 명)	複 겹옷 복

한자	훈·음	한자	훈·음
長	어른 장 / 긴 장	冶	불무 야 / 쇠불릴야 · 야
畏	두려울 외	治	다스릴 치 · 치
良	어질 량	微	작을 미
艮	그칠 간 / 북방 간	徵	부를 징
展	펼 전	徽	아름다울 휘 · 휘

운용 · 2 (運用 · 二)

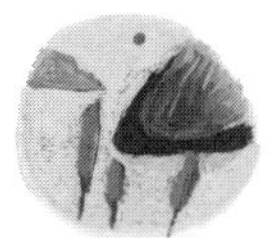

屮	하늘어머니모	戍	지킬수	丰	예쁠봉	㒸	이룰수	啚	인색할비
〈	도량견	它	뱀타	屰	거스를역	帚	비추	婁	여러누빌누
丶	파임불	卉	풀훼	癸	갈준	禺	암원숭이우사시우	丏	평평할면
乜	성야	癶	개닫는모양발	孛	혜성패	咼	입비뚜러질괘	䍃	질그릇요
丂	재주교	也	땅이름이	皀	고소할흡	乗	들승	埶	심을예
乚	될화	乍	잠깐사	皃	참모습모	坙	가까이할음	綧	북에실꿸관
乇	부탁할탁	乘	나란히설음	夆	끌봉	聑	귓속말즙	奠	바칠전
兀	우뚝할올	幵	고를견	戔	쌓일전상할잔	威	불꺼질혈	敖	거만할오
勺	조금작	关	웃음소	粤	꾀어낼병	忝	욕될첨	舜	근심할인
丫	두갈래질아	亘	펼선	甫	겨우보	畐	찰복	僉	다첨모두첨
兀	책상기	凶	숨구멍신	冏	밝을경	幸	새끼양달	尌	세울수
夂	거듭첩	品	속비칠참	彔	근본록	匽	숨길언	瞏	놀라볼경
玄	팔뚝굉	冎	뼈바를알	定	돌선	枼	모진나무엽	睪	엿볼역
廾	잡을극	式	두이	音	큰소리칠부	冓	얽을구	崔	새높이이를혹
帀	두를잡	尗	콩숙	爰	이에원	昷	어질온	參	가는문채목
夬	결단할쾌	㡀	헌옷폐	夌	넘을능	臬	틈극	䜌	다스릴연
卅	서른삽	寽	취할율	亲	가까이할친	侖	뭉치윤	豦	원숭이거
丰	풀무성할봉	巠	물줄기경	虽	비록수	芻	꼴추	雚	솔권
厃	우러러볼첨	冐	작은벌레연	㐫	어지러울뇌	奚	어찌해	懷	품을회
艮	일복	夅	내릴강	复	다시복	堇	진흙근	藋	황새관
凸	산속늪연	丰	예쁠봉	彖	결단할단	零	빗방울나	靈	신통할령

반대의 뜻을 가진 글자

可 (옳을가)	否 (아니부)	加 (더할가)	減 (덜감)
開 (열개)	閉 (닫을폐)	去 (갈거)	來 (올래)
輕 (가벼울경)	重 (무거울중)	苦 (괴로울고)	樂 (즐거울락)
曲 (굽을곡)	直 (곧을직)	功 (공공)	過 (허물과)
起 (일어날기)	伏 (엎드릴복)	男 (사내남)	女 (계집녀)
動 (움직일동)	靜 (고요할정)	得 (얻을득)	失 (잃을실)
明 (밝을명)	暗 (어두울암)	問 (물을문)	答 (대답할답)
貧 (가난빈)	富 (부자부)	生 (날생)	死 (죽을사)
上 (위상)	下 (아래하)	損 (덜손)	益 (더할익)
始 (처음시)	終 (끝종)	是 (옳을시)	非 (그를비)
深 (깊을심)	淺 (얕을천)	哀 (슬플애)	歡 (기쁠환)
往 (갈왕)	來 (올래)	有 (있을유)	無 (없을무)
自 (스스로자)	他 (다를타)	長 (긴장)	短 (짧을단)
朝 (아침조)	夕 (저녁석)	燥 (마를조)	濕 (젖을습)
坐 (앉을좌)	立 (설립)	主 (주인주)	客 (손객)
進 (나아갈진)	退 (물러날퇴)	集 (모을집)	散 (흩을산)
天 (하늘천)	地 (땅지)	淸 (맑을청)	濁 (흐릴탁)
彼 (저피)	此 (이차)	虛 (빌허)	實 (열매실)
强 (강할강)	弱 (약할약)	賣 (팔매)	買 (살매)
乾 (하늘건)	坤 (땅곤)	逢 (만날봉)	別 (헤어질별)
高 (높을고)	低 (낮을저)	賞 (상줄상)	罰 (벌줄벌)
遠 (멀원)	近 (가까울근)	勝 (이길승)	敗 (패할패)
大 (큰대)	小 (작을소)	順 (순할순)	逆 (거스를역)
溫 (따뜻할온)	冷 (찰랭)	前 (앞전)	後 (뒤후)
陰 (그늘음)	陽 (볕양)	左 (왼좌)	右 (오른우)
晝 (낮주)	夜 (밤야)	着 (이를착)	發 (떠날발)
出 (날출)	入 (들입)		

두 가지 음을 가진 글자

한자	훈음	용례
降	내릴강	降等(강등)
	항복항	降伏(항복)
契	맺을계	契約(계약)
	나라이름글	契丹(글단)
金	쇠금	金銀(금은)
	성김	金氏(김씨)
奈	어찌나	奈落(나락)
	어찌내	奈何(내하)
讀	읽을독	讀書(독서)
	구절두	句讀點(구두점)
數	셈수	數學(수학)
	자주삭	數數(삭삭)
北	북녘북	南北(남북)
	달아날패	敗北(패북)
狀	형상상	狀態(상태)
	문서장	賞狀(상장)
說	말씀설	說明(설명)
	달랠세	遊說(유세)
宿	잘숙	宿泊(숙박)
	별수	星宿(성수)
食	먹을식	飮食(음식)
	밥사	疎食(소사)
易	바꿀역	交易(교역)
	쉬울이	容易(용이)
辰	별진	星辰(성진)
	때신	生辰(생신)
拓	열척	開拓(개척)
	밀칠탁	拓本(탁본)
宅	집택	住宅(주택)
	댁댁	宅內(댁내)
暴	사나울포	暴惡(포악)
	드러낼폭	暴露(폭로)
行	다닐행	步行(보행)
	항렬항	行列(항렬)
見	볼견	見聞(견문)
	드러낼현	謁見(알현)
龜	땅이름구	龜浦(구포)
	거북귀	龜鑑(귀감)
	터질균	龜裂(균열)
內	안내	內外(내외)
	여관나	內人(나인)
度	법도도	制度(제도)
	헤아릴탁	度地(탁지)
反	돌이킬반	反擊(반격)
	뒤집을번	反沓(번답)
否	아니부	否定(부정)
	막힐비	否塞(비색)
邪	간사할사	正邪(정사)
	어조사야	怨邪(원야)
索	찾을색	思索(사색)
	쓸쓸할삭	索莫(삭막)
衰	쇠할쇠	衰弱(쇠약)
	상복최	齊衰(제최)
更	다시갱	更生(갱생)
	고칠경	變更(변경)
句	글귀구	文句(문구)
	귀절귀	句節(귀절)
豈	어찌기	豈敢(기감)
	승전악개	豈樂(개악)
茶	차다	茶菓(다과)
	차차	茶禮(차례)
率	비율률	能率(능률)
	거느릴솔	統率(통솔)
復	회복할복	回復(회복)
	다시부	復活(부활)
射	쏠사	射擊(사격)
	벼슬이름야	僕射(복야)
塞	변방새	要塞(요새)
	막힐색	語塞(어색)
省	살필성	反省(반성)
	덜생	省略(생략)
拾	열십	七拾(칠십)
	주을습	拾得(습득)
識	알식	知識(지식)
	기록지	標識(표지)
刺	찌를자	刺客(자객)
	찌를척	刺殺(척살)
車	수레거	自轉車(자전거)
	수레차	車輛(차량)
則	법칙칙	規則(규칙)
	곧즉	然則(연즉)
便	편할편	便利(편리)
	똥오줌변	便所(변소)
畫	그림화	圖畫(도화)
	꾀할획	計畫(계획)
著	나타낼저	著述(저술)
	붙을착	著色(착색)
惡	악할악	善惡(선악)
	미워할오	憎惡(증오)
齊	다스릴제	整齊(정제)
	재계할재	齊戒(재계)
參	참여할참	參席(참석)
	석삼	參伏(삼복)
沈	잠길침	沈黙(침묵)
	성심	沈氏(심씨)
幅	폭폭	大幅(대폭)
	두건복	幅巾(복건)
氏	성씨씨	姓氏(성씨)
	나라이름지	月氏(월지)
合	합할합	合邦(합방)
	홉홉	七合(칠홉)
切	끊을절	斷切(단절)
	모두체	一切(일체)

번체자와 간체자

번체자		간체자	독음	번체자		간체자	독음
假	―	仮	(거짓가)	勞	―	労	(수고로울로)
輕	―	軽	(가벼울경)	賴	―	頼	(힘입을뢰)
館	―	舘	(집관)	萬	―	万	(일만만)
區	―	区	(나눌구)	賣	―	売	(팔매)
權	―	権	(권세권)	邊	―	辺	(갓변)
單	―	単	(홑단)	拂	―	払	(떨칠불)
當	―	当	(마땅당)	寫	―	写	(쓸사)
氣	―	気	(기운기)	雙	―	双	(두쌍)
圖	―	図	(그림도)	聲	―	声	(소리성)
樂	―	楽	(즐거울락)	數	―	数	(셈수)
來	―	来	(올래)	濕	―	湿	(젖을습)
練	―	練	(익힐련)	據	―	拠	(의지할거)
禮	―	礼	(예도례)	鷄	―	雞	(닭계)
綠	―	緑	(푸를록)	敎	―	教	(가르칠교)
樓	―	楼	(다락루)	國	―	国	(나라국)
蠻	―	蛮	(오랑캐만)	龜	―	亀	(거북귀)
發	―	発	(필발)	擔	―	担	(멜담)
寶	―	宝	(보배보)	對	―	対	(대할대)
絲	―	糸	(실사)	德	―	徳	(큰덕)
壽	―	寿	(목숨수)	獨	―	独	(홀로독)
釋	―	釈	(풀석)	覽	―	覧	(볼람)
收	―	収	(거둘수)	勵	―	励	(힘쓸려)
肅	―	粛	(엄숙할숙)	靈	―	霊	(신령령)
乘	―	乗	(탈승)	爐	―	炉	(화로로)
價	―	価	(값가)	龍	―	竜	(용룡)
廣	―	広	(넓을광)	滿	―	満	(찰만)
關	―	関	(빗장관)	麥	―	麦	(보리맥)
舊	―	旧	(옛구)	變	―	変	(변할변)
勸	―	勧	(권할권)	竝	―	並	(아우를병)
團	―	団	(뭉칠단)	冰	―	氷	(얼음빙)
黨	―	党	(무리당)	辭	―	辞	(말씀사)
覺	―	覚	(깨달을각)	敍	―	叙	(펼서)
讀	―	読	(읽을독)	屬	―	属	(붙을속)
亂	―	乱	(어지러울란)	輸	―	輸	(실어낼수)
兩	―	両	(두양)	實	―	実	(열매실)
戀	―	恋	(사랑할련)	巖	―	岩	(바위암)

嚴 — 厳 (엄할엄)	册 — 冊 (책책)
驛 — 駅 (역마역)	鐵 — 鉄 (쇠철)
豫 — 予 (미리예)	觸 — 触 (닿을촉)
圓 — 円 (둥글원)	齒 — 歯 (이치)
壹 — 壱 (하나일)	澤 — 沢 (못택)
戰 — 戦 (싸움전)	豐 — 豊 (풍년풍)
靜 — 静 (고요할정)	獻 — 献 (드릴헌)
弔 — 吊 (위로할조)	螢 — 蛍 (반딧불형)
雜 — 雑 (섞일잡)	擴 — 拡 (늘릴확)
爭 — 争 (다툴쟁)	會 — 会 (모일회)
眞 — 真 (참진)	亞 — 亜 (버금아)
參 — 参 (참여할참)	讓 — 譲 (사양할양)
淺 — 浅 (얕을천)	與 — 与 (더불여)
體 — 体 (몸체)	榮 — 栄 (영화영)
蟲 — 虫 (벌레충)	溫 — 温 (따뜻할온)
稱 — 称 (일컬을칭)	爲 — 為 (될위)
廢 — 廃 (폐할폐)	貳 — 弐 (두이)
解 — 觧 (풀해)	殘 — 残 (쇠할잔)
顯 — 顕 (나타날현)	點 — 点 (점찍을점)
畵 — 画 (그림화)	條 — 条 (조목조)
黃 — 黄 (누를황)	晝 — 昼 (낮주)
兒 — 児 (아이아)	莊 — 荘 (큰집장)
壓 — 圧 (누를압)	證 — 証 (증명할증)
餘 — 余 (남을여)	贊 — 賛 (도울찬)
鹽 — 塩 (소금염)	處 — 処 (곳처)
藝 — 芸 (재주예)	廳 — 庁 (큰집청)
圍 — 囲 (두를위)	總 — 総 (모두총)
醫 — 医 (의원의)	擇 — 択 (가릴택)
姊 — 姉 (맏누이자)	學 — 学 (배울학)
傳 — 伝 (전할전)	驗 — 験 (증험할험)
濟 — 済 (건널제)	號 — 号 (이름호)
從 — 従 (좇을종)	歡 — 歓 (기쁠환)
壯 — 壮 (장할장)	效 — 効 (본받을효)
卽 — 即 (곧즉)	
盡 — 尽 (다할진)	

124 漢字가 答이다

어조사(語助辭)의 작용

　한자의 어조사(語助辭)는 대략 20여 자로 분류한다. 지(之), 이(而), 어(於), 호(乎), 재(哉), 여(歟), 야(也), 야(耶), 의(矣), 언(焉), 우(于), 이(已), 이(以), 자(者), 이(耳), 즉(則), 황(況), 연(然), 약(若), 혜(兮) 등의 한자로 문장을 이루게 된다. 이제 그 작용을 간단하게 분류하여 소개한다.

　之(갈 지) : 지(之)자는 '~의'이다. 문장을 끌고 내려가는, 다시 말해서 무엇의 사이, 또는 누구의 집, 바다와 육지의 사이를 말할 때 사용된다. 한편 '간다'의 뜻으로 쓰이는가 하면, 어떤 행위를 강조하는 데서 쓰이기도 한다.

　예 : 天地之間 하늘과 땅의 사이　　成敗之間 되든 아니 되든의 사이
　　　男女之間 남과 여의 사이　　　高山之上 높은 산의 위

　　　左右之間 왼편과 오른편의 사이　萬物之生理 만 가지 물건의 생리
　　　數學之公式 수학의 공식　　　他獨食之 저놈이 혼자서 먹었다.
　　　親友之家庭 친구의 가정　　　我獨行之 내가 혼자서 해냈다.
　　　昨日上京宿於外三寸之家 어제 서울에 갔다가 외삼촌의 집에서 잤다.

　而(말이을 이) : 두 마디의 말을 이어서 하나의 문장을 이루는 역할을 한다.

　예 : 花發而蝶飛來 꽃 피니 나비가 날아온다.

소 이 접 객
笑而接客 웃으며 손님을 맞이한다.

월 명 이 성 희
月明而星稀 달이 밝으니 별이 드물다.

인 통 이 주
忍痛而走 아픔을 참고 달린다.

우 지 이 선 명
雨止而蟬鳴 비가 그치니 매미가 운다.

흥 분 이 실 수
興奮而失手 흥분하다가 실수했다.

학 생 지 모 풍 우 이 등 교 자   위 내 일 지 계 야
學生之冒風雨而登校者는 爲來日之計也 학생이 바람과 비를 무릅쓰고 등교하는 것은 앞날을 위한 계산이다.

안 거 이 연 래
雁去而燕來 기러기 가니 제비가 오고

연 래 이 안 거
燕來而雁去 제비가 오니 기러기는 간다.

조 래 이 학 생 운 집
朝來而學生雲集 아침이 되니 학생이 구름처럼 모인다.

토 사 이 호 비
兎死而狐悲 토끼가 죽으니 여우가 슬퍼한다.

견 형 아 사 이 독 취 포
見兄餓死而獨醉飽 형의 굶어 죽음을 보면서도 홀로 취하고 배부르게 먹는다.

인 이 불 수 질 서 위 문 화 인 이 가 수
人而不守秩序 謂文化人而可手 사람으로 질서를 지키지 아니하면 문화인이라고 말해서 가할 것인가.

서 거 이 기 추 풍
暑去而起秋風 더위가 가니 가을바람이 일어난다.

월 무 족 면 능 보 천
月無足面能步天 달은 발이 없어도 능히 하늘을 걸어가고

풍 무 수 이 능 요 수
風無手而能搖樹 바람은 손이 없어도 능히 나무를 흔든다.

於(늘 어) : 어(於)자는 아래의 말을 끌어올려 말을 맺는다.

숙 어 친 우 지 가
예 : 宿於親友之家 친구의 집에서 잤다.

休息於亭子樹下 정자 나무 밑에서 휴식했다.

集合於校庭 학교 운동장에 집합했다.

我生於貧寒之家 나는 가난한 집에서 태어났다.

我不幸而生於錢多之家 나는 불행하게도 돈이 많은 집에서 태어났다.

見侮於市場而雪忿於妻子 시장에서 수모를 당하고 처자에게 분을 푼다.

失敗其考査歸罪於鉛筆 고사에 실패하고 허물을 연필에 돌린다.

日出於東海而入於西海 해는 동해에서 나와 서해로 들어간다.

先生任之講話過於論理而複雜 선생님의 강의는 논리가 지나쳐서 복잡하다.

乎(온 호) : 호(乎)자는 물을 때 사용된다.

예 : 金君食朝飯而登校乎 김군은 조반을 먹고 등교했는가?

你有錢多少乎 너 돈을 얼마나 가지고 있느냐?

風止而波不動乎 바람이 그쳤으니 물결이 일지 아니하는가?

某君入院而病勢好轉乎 모군이 입원을 했다더니 병세가 호전하는가?

哉(이끼 재) : 이끼라는 어휘를 분명히 알 수 없으나 '있느냐', '없느냐', '되느냐', '아니 되느냐' 등 뚜렷하지 못한 상황에서 쓰이는 어조사이다. '가호재(可乎哉)'에서 '가호(可乎)'는 물음인데, 재(哉)자를 덧붙여서 '물어도 되겠는지요?'라는 표현이 된다.

예 : 何哉 어찌 하리오.

何可哉 어찌 가하리오.

可不笑哉 가히 우습지 아니하리오.

可不硏究哉 가히 연구하지 아니하리오.

其於良心可不責哉 그 양심에 가히 가책을 아니하리오.

歟(어조사 여) : 여(歟)는 의문종결사로 여(與)와 쓰임이 같다.

예: 金君之侮我何歟 김군이 나를 업신여김은 무엇인가?

他之成績優我故歟 그의 성적이 나보다 우월하기 때문인가?

他父母錢多之故歟 그의 부모가 돈이 많은 까닭인가?

否則有腕力之故歟 그도 아니면 주먹이 센 까닭인가?

金孃之連日缺席何故歟 김양의 연일 결석은 무슨 연고인가?

先生任之遲刻或非交通事故歟 선생님의 지각은 혹시 교통사고가 아닌가?

不知其人之生歟死歟 그 사람이 살았는지 죽었는지 알 수 없다.

也(이끼 야) : 문장을 끝내는 데 사용되나 역(亦)자와 똑같이 사용되기도 한다.

예 : 一金五十萬圓也 일금 오십만 원이다.

萬物中知存在之價値者唯人也 만물 중에서 존재의 가치를 아는 것은 오직 사람이다.

不知存在之價値者落人之伍者也 존재의 가치를 알지 못하는 자는 사람의 대열에서 타락한 것이다.

天下非一人之天下也 천하는 한 사람의 천하가 아니다.

국 민 국 가 지 주 인 야
國民國家之主人也 국민은 국가의 주인이다.

타 시 김 사 장 지 무 남 독 녀 야
他是金社長之無男獨女也 그는 김사장의 무남독녀이다.

이 생 명 불 환 자 유 야
以生命不換自由也 생명을 가지고 자유와 바꾸지 아니한다.

야 시 지 예 절 지 인
也是知禮節之人 또한 이 예절을 아는 사람이다.

耶(어조사 야) : 호(乎)자와 쓰임이 비슷하다.

춘 거 이 화 지 락 자 하 야
예 : 春去而花之落者何耶 봄이 가면 꽃이 지는 것은 왜냐?

인 불 호 흡 이 능 생 기 시 야
人不呼吸而能生幾時耶 사람이 호흡을 아니하고 능히 몇 시간이
나 살까?

독 서 불 입 삼 매 경 즉 비 식 서 과 지 피 야
讀書不入三昧境則非食西瓜之皮耶 독서하면서 삼매경에 들지 아
니하면 수박 껍데기를 먹는 것 아니냐?

타 재 방 중 종 일 불 출 소 위 자 하 야
他在房中終日不出所爲者何耶 그가 방 안에서 종일 나오지 아니
하는 것이 무엇이냐?

시 간 거 이 인 로 여　　인 로 이 시 간 거 야　여 능 대 답 호
時間去而人老歟　人老而時間去耶 汝能對答乎 시간이 감으로 사람
이 늙는 것인지, 사람이 늙으니 시간이 가는 것인지 너는 능히 대답을
하겠는가?

矢(지비 의) : '~지비'라는 말은 함경도 말씨에 '그랬지비', '이랬지비'
하는데, 반어문으로 확실하지 않은 표현으로 쓰이기도 한다.

불 독 서 이 일 삼 식 즉　　불 면 위 식 충 의
예 : 不讀書而日三食則 不免爲食蟲矣 글 아니 읽으며 하루에 먹기를
세 번이나 하면 식충이 됨을 면하지 못하리.

독 서 여 유 소 구 의
讀書汝有所求矣 글을 읽는 것은 네가 반드시 구함이 있겠지.

불 명 찰 즉 여 견 기 의
不明察則汝見欺矣 밝게 살피지 아니하면 반드시 속임을 당할 것

이지.

　　_{타 시 위 험 인 물 야 원 지 호 의}
　　他是危險人物也遠之好矣　저 사람은 위험한 인물이다. 멀리함이
좋을 것이지.

　　_{과 소 비 즉 필 유 후 회 지 일 의}
　　過消費則必有後悔之日矣　지나치게 소비하면 후회하는 날이 있을
것이지.

　　_{인 부 지 반 성 즉 무 발 전 지 희 망 의}
　　人不知反省則無發展之希望矣　사람이 반성할 줄 모르면 발전할
희망이 없으리.

　焉(이끼 언) : 말을 끝맺는 데서는 '~이다'라는 단정의 뜻으로 쓰이
고, 부사로 쓰일 때는 '어찌 ~하겠는가'라는 의미로 쓰인다.

　　_{식 언 이 불 감 침 언 이 불 안}
　예 : 食焉而不甘寢焉而不安　먹어도 달지 아니하고 잠을 자도 편안하
지 못하다.

　　_{불 찰 언 즉 여 견 해 언}
　　不察焉則汝見害焉　살피지 아니하면 반드시 손해를 보리라.

　　_{언 득 인 언 득 지}
　　焉得仁焉得知　어찌 인을 얻을 것이며, 어찌 지혜로움을 얻으리
오.

　　_{타 유 재 언 이 무 기 덕}
　　他有才焉而無其德　그는 재간은 있지만 덕이 없다.

　于(어조사 우) : 우(于)는 어(於)와 비슷하게 아랫말을 끌어올린다.

　　_{학 우 모 선 생}
　예 : 學于某先生　모 선생에게서 배웠다.

　　_{역 핍 이 항 복 우 적}
　　力乏而降服于敵　힘이 모자라 적에게 항복을 했다.

　　_{선 파 이 구 조 우 해 상 경 찰}
　　船破而求助于海上警察　배가 파손되어 해양경찰에게 도움을 청
했다.

　　_{유 우 성 인 지 문}
　　遊于聖人之門　성인의 문에서 놀았다.

已(어조사 이) : '~하고야 말겠다'는 뜻의 어조사이다. '부득이(不得已)'는 '마지못해 하는 수 없이'의 뜻이다.

예 : 有死而已 죽음이 있을 뿐이다. (체념 비슷한 말)
勢不得已 형세가 그렇게 하지 않을 수 없다.
修人事而待天命而已 나 할 도리를 다하고 하늘의 명령을 기다리고 말겠다.
坐而待死而已 앉아서 죽음을 기다리고 말겠다.
已而雨止而風定 얼마 아니 되어서 비는 그치고 바람이 잤다.
'이이(已而)'는 '얼마 아니 되어서'의 뜻이다.

以(써 이) : 현대인들은 이 자를 가능한 쓰지 않으려 한다. 옛말을 멀리 하려는 의도이기도 하겠지만 '무엇 무엇으로써', '그럼으로써' 하는 말이 점점 잊혀져 간다. 그러나 일본인의 국한어법(國漢語法)에서는 '~을 가지고'로 통용되고 있다. 의사표시를 할 때 강한 인상을 주는 표현으로 이보다 적합한 어휘도 없을 것이다.

예 : 以心傳心 마음으로써 마음을 전한다. 말없이 통한다는 뜻.
以小易大 작은 것을 가지고 큰 것과 바꾼다.

者(놈 자) : '놈', 또는 '~것'으로 쓰는데, '왕자(王者)'와 '노자(老者)'를 놈, 또는 ~것이라고 할 수는 없다. 그런 점에서 '왕이신 분', '늙은 분' 하는 것이 타당하다. 반면 '소자(小者)'와 '유자(幼者)'라고 해서 반드시 '젊은 놈', '어린 놈'이라고 할 수 없으며, '학자(學者)'를 '배웠다는 놈'이라고 할 수도 없다.

자(者)는 하나의 지칭이다. '목자(木者)'라고 하면 '나무라는 것은'의 뜻이며, '토자(土者)'라고 하면 '흙이라는 것은'의 뜻이다. 또 '고자(古者)'라고 하면, 놈도 ~것도 아니라 '옛날에는'의 뜻이다.

耳(귀 이) : 이(耳)는 명사이다. 그러나 문장을 맺는 데에서는 '~라 할 뿐이다', '~할 따름이다'의 뜻으로 쓰인다.

예 : 致意於斯耳 뜻을 여기에 두었을 뿐이다.

耳可得聞口不可得言이라는 말이 있다. 남이 자기의 아버지와 할아버지의 이름을 부르는 것은 귀로 들을 수 있지만 자기 입으로 자신의 아버지와 할아버지의 이름을 부를 수가 없기에 부득이한 경우에는 '~자(字), ~자(字)를 쓰십니다.'라고 알려준다.

則(곧 즉, 법칙 칙) : 즉(則)의 뜻은 '~면'과 통한다.

예 : 冬則寒 夏則暑 겨울이면 춥고, 여름이면 덥다.
出生則老 老則死 출생하면 늙고, 늙으면 죽는다.

況(하물며 황) : '하물며'라는 낱말이 널리 쓰이지 않지만 종종 필요한 말이다.

예 : 男子之所不能 況女子爲之乎 남자도 못하는 것을 하물며 여자가 해낼까?
富者之所不能 況貧者爲之乎 부자도 못하는 것을 하물며 가난한 자가 하리?

然(그럴 연) : '그렇지만', '그러나'처럼 말을 뒤집는 데 쓰인다.

예 : 我難老病 然 爲國而出戰矣 내가 비록 늙고 병들었지만 그러나 나라를 위해서 출전을 해야지.

雖(비록 수) : 수(雖)자는 연(然)자와 좋은 짝을 이룬다. 다만 '연이(然而)'라고 쓰일 때는 '그러하고도', '그러나'의 뜻이다.

若(만약 약, 같을 약) : 만약이라는 말은 '만의 하나'라는 말과 같다. 불확실성이 내포되므로 말의 끝은 의(矣)자로 맺는다.

兮(어조사 혜) : 옛사람들은 노래 끝에 혜(兮)의 음을 많이 사용했다. 우리나라 방아타령도 그러하지만 중국 고서(古書)의 이소경이나 시전 같은 책을 보면 혜(兮)자가 구절마다 들어있다. 아무런 뜻 없이 음을 연장하여 박자를 맞추려고 혜(兮)를 많이 사용한다.

예 : 落花兮여 無語兮로다. 떨어지는 꽃은 말이 없도다.
渺渺兮余懷兮여 望美人兮天一方 아득하기만 한 내 심사, 하늘 저쪽의 님을 그리네.

열두 띠(十二支)별 시간표

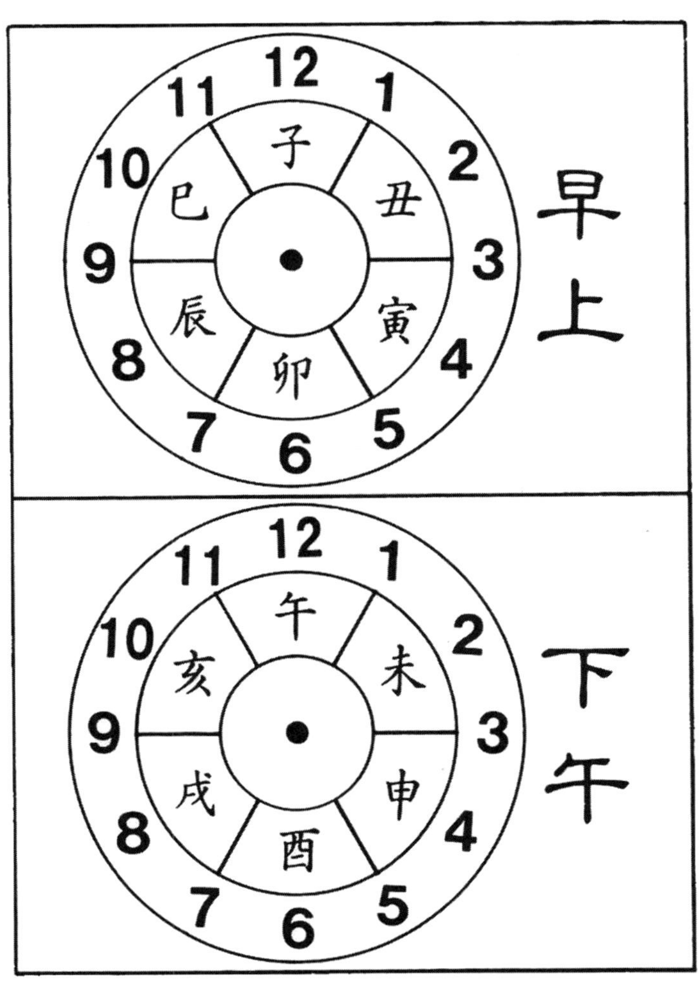

국제대자연사랑 선언문

대구한의대학교 총장

변정환

도법자연(道法自然)이라, 자연을 수호함은 도를 닦고 하늘을 존경하며, 나의 생명을 유지하고 건강을 지키는 길이며, 너와 내가 함께 잘 사는 길(至善)이다.

자연은 무위이며 희언(希言)이요, 우주의 원리이며 진리이고, 바른 심성을 인도하는 길이다. 인류는 이 대자연의 본신(本身)이니 우리들의 생활이 자연과 합쳐지면 진정한 건강이 유지되며, 생존의 가치를 누리고 또한 생명의 존엄을 느끼게 될 것이나, 이것이 실현되지 못하면 부평초와 같이 허무한 생을 살게 될 것이다.

세계의 지도자들이여! 이젠 그동안의 의식과 진부한 사상에서 벗어나 미래를 지향한 '대자연사랑'으로 철학을 바꾸어야 한다.

또한 진정한 평화주의자로 거듭나야 한다. 시대를 역행한 패권주의를 청산하고 천명(天命)의 '천도'와 성명(性命)의 '인성'으로 세계를 이끌어가야 한다. 천도와 인성을 도외시한 자는 진정한 인류평화에 대해 말할 수 없다.

지구는 인간만 사는 공간이 아니라 동식물과 삼라만상이 공생하는 터전이다. 상보(相補) 원리로 같이 평화를 누려야 한다.

노자는 2500년 전에 무위자연을 갈파했으니, 자연에 순응하며 무

위를 강조했다. 즉, 인(仁)의 대동사상과 자리이타(自利利他)의 자비
행을 실천한 동양은 천도를 받들고, 인도(人道)를 행하며 자연과 더
불어 공생해왔지, 자연에 도전하고 넘어서려는 망동은 하지 않았다.
그래서 "순천자(順天者)는 살고 역천자(逆天者)는 망한다."는 말로 모
두에게 경각시켰다. 또 언명(彦明)하기를, 인간이 스스로 재앙과 화를
만든 것이지 하늘은 절대 인간에게 먼저 재앙을 주지 않는다고 했다.
오늘의 지옥 같은 환경을 만든 죄인은 바로 인간이 아닌가?

마약환자가 결국 폐가망신될 줄 알면서도 일시적인 몽환에 사로잡
혀 마약을 끊지 못하고 죽음의 구덩이로 가고 있는 것과 어찌 다르겠
는가?

인류 역사는 발전과 퇴보를 반복하면서 진행한다.

주역은 음양의 원리로 모든 사물은 변한다는 것을 근본으로 삼는
철학이다. 즉 시간과 공간, 그리고 인간에 의하여 변화하는 수리(數
理)다. 이러한 주역의 천도 순환적 관점에서 보면, '시어간(始於艮)',
'종어간(終於艮)'이라 하여 문화와 사상의 시작과 그 끝이 간괘에서
비롯된다고 한다. 다시 말해 한반도는 지구의 간방(艮方)으로 문화와
사상, 철학이 새로 시작하는 영적인 곳인 것이다. 이는 선인들이 책
의 서언에서 밝힌 것이며, 종교계에서도 일치된 주장이다. 같은 민족
이 민주주의와 공산주의로 대치되어 서로 전쟁을 했던 남북한이 60
여 년간의 분단상극을 '수화기제(水火旣濟) 원리'로 제3의 사상을 창
출하여 통일이 된다면, 이는 분명 인류 평화의 철학이요, 새로운 사
상이 될 것이다. 더구나 인류의 과제인 대자연 문화 사랑 운동을 한
반도에서 선포하고 우리가 그 천명의 소임을 실천할 때 비로소 새로

운 시대, 즉 천지 개벽의 시대가 열리는 것이다.

인도의 근대 시성인 타고르는 우리나라를 두고, '아시아의 촛불'이라는 시에서 "그 촛불이 켜질 때 동방을 밝힐 것"이라고 서언했다. 한반도 지령(地領)에 따른 영웅호걸의 출현과 예로부터의 평화 지향 사상, 정이 넘치고 멋스런 풍속, 고상하고 흥겨운 문화는 분명 퇴폐하고 타락된 물질 문화를 물리치고 새로운 인류 문화로 승화되어 빛이 될 것이다.

지구인들이여, 세계의 지성인들이여!

망가지고 부서진 이 지구를 다시금 구하고 원상으로 회복하자. 내일이면 늦다, 오늘 당장 시작하자. 그래서 다가오는 지구의 대재앙을 막아내자.

하면 되지만 해서는 안 되는 일은 결단코 하지 말아야 한다. 대자연은 우리와 단순한 물질 관계가 아니라 진정 인간에게 있어 생명의 원천이요, 어머니 품과 같은 영원한 안식처다. 우주인들조차도 외계에선 단 몇 분도 살 수 없다. 그곳엔 성스러운 대자연이 존재하지 않기 때문이다. 사람은 천지 만물 중에서 가장 존귀하다. 어리석은 자들에 의한 지구 파멸을 그대로 방관한다면 그것은 그들과 공범이 되는 것이다. 전 인류가 총궐기하여 대자연 문화 촉진 운동을 이제 한반도에서 시작하자.

모든 지구인들이여! 세계의 지성인들이여!

대자연 문화 촉진 운동을 다시금 존중하고 그동안 저지른 과오를 크게 반성하며 대자연 보호와 정화에 노력하자. 세계의 지도자와 과학자들은 우주의 섭리인 천도를 받들고 인간 존엄의 인성으로 대자연

문화 부흥에 동참하고 자연 파괴를 즉시 중단하도록 해야 한다. 또한
전 세계의 지성인들은 인류의 선봉에서 대자연 문화 촉진 운동을 선
언하고 실천 운동을 전개하자!

학문(學問)은 명리(名利)에 있지 않다

우리에게 생명(生命)으로, 삶으로 인도하는 좁은 문이 있습니다. 그 문(門)은 우리가 알고 있는 눈, 귀, 코, 입이 아닙니다. 그것은 착한 사람만을 살리는 하늘로 통하는, 곧 천문(天門)으로 오직 하느님만이 여실 수 있는 특권의 문(門)입니다. 그분 하느님께서 우리 몸에 빛과 말씀과 진리로 계시면서 우리를 항상 복되게 하시는 문(門)입니다.

오늘날 우리들의 몸에 본성(本性)으로, 양심(良心)으로, 덕(德)으로 있으면서 가치(價値)와 존엄(尊嚴)으로 주인(主人) 되고, 왕(王)이 되게 하는 문(門)입니다.

그가 바로 우리들 자신 안의 십승지(十勝地)라 이름하는 생명으로 인도하는 좁은 문, 곡신불사장현빈(谷神不死藏玄牝)이며, 정법안장(正法眼藏)의 문(門), 사람이 스스로 열지 못하는 비밀의 문입니다.

이것은 오직 성인(聖人)과 성인(聖人), 부처와 부처 사이에 천명(天命)에 의해 전해져 내려와 오늘에 이르니, 이를 64대 천명(天命) 도통조사맥(道統祖師脈)에서만 확인할 수 있습니다.

육십사대(六十四代) 도통조사가(道統祖師歌)

1. 도통(道統)은 천지보다 먼저고,
   만물만류 중생전에 있었네.
   천지 창조 전에 도(道)는 있었고,

대도(大道)는 무형(無形)이나 천지 낳았네.

만물만류 전에 도(道)는 있었고,

대도(大道)는 무명(無名)이나 만물 길렀네.

천지인 만물 낳았으니 천지인 만물 도(道) 속에 있네.

2. 육십사대 도통(道統)은

노모님(하느님) 명으로 대대로 전해

천명도통(天命道統)은 진전(眞傳)으로

복희시조 현묘함을 나타내셨고,

신농 헌원 황제에게 전해져 요순우탕 대대로 계승하셨네.

노자 공자 맹자 전 십팔대 이로써 끝나.

3. 중 이십팔대 조사는

석가세존 제자일맥(弟子一脈) 전했네.

도통초대(道統初代) 가섭 존자부터

달마 조사까지 전해 끝났고,

후 십팔대 조사 이으서 중화초조(中華初祖) 달마께 전했네.

사존사모(師尊師母)까지 전해지니

전후(前後) 육십사대(六十四代) 원만해

삼양개태(三陽開泰) 대수원(大收圓) 삼조(三曹) 천당가 개대환희

(皆大歡喜)라.

원효대사(元曉大師)의 시(詩)

수유근행(雖有勤行)이나 무지혜자(無智慧者)는 욕왕동방향(欲往東方向)이나 서향(西向)하고 수유재지(雖有在智)나 무계행자(無戒行者), 여절익조(如切翼鳥)가 부구상공(負龜上空)이니 행지구비자(行智具備者)는 여거이륜(如車二輪)이라.

(해설)

사람마다 이치를 찾고 도를 이루기 위해 수행하기를 비록 게을리하지 않으나 지혜가 없다면 정작 가야 될 곳이 동편에 있는데 서쪽을 향해 가게 되고, 비록 지혜는 있으나 몸과 마음으로부터 강인한 절제와 굳건한 계행이 뒤따르지 않으면 비유하여 날개 부러진 새가 등에 거북이를 지고 높은 허공에 오르려 함과 같다. 오직 모든 계행과 지혜를 함께 갖춘 자야말로 바퀴 둘 달린 온전한 수레와 같다.

오시현도(午時顯道)

- 낮 12시

양심회복흰옷입기운동본부

일암 강이목

몸 차렷! 정신 차렷! 기운 차렷!
차렷으로부터 시작해서 푹 쉬어로 끝나는 하루.
아, 아름다운 날! 아, 아름다운 인생!

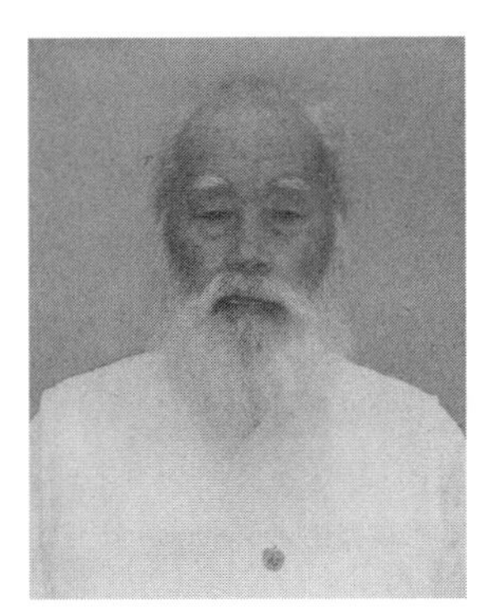

낮 12시에 사마리아 여자 하나가 물을 길러 나왔다.

왜 하필 오전 11시도 아니고 오후 1시도 아닌 낮 12시일까? 낮 12시는 정오다. 정오는 그림자가 없는 유일한 시간이다. 그림자가 없다는 말은 죄가 없다는 말이요, 욕심이 사라졌다는 말이요, 근심과 걱정과 불안이 없다는 말이다.

사마리아 여자가 낮 12시에 물을 길러 왔다는 말은 바로 죄가 없다는 말이다.

이 세상에 그림자가 없는 사람이 하나라도 있을까? 그런데 다행히도 누구나 그림자 없는 시간을 가질 수 있다는 것이다.

태양이 머리 위 중심에 있을 때 바로 그림자가 없다. 누구나 깨어 있기만 하다면 정오를 만날 수가 있다. 낮 12시 정오를 만난다는 말은 바로 하나님을 머리 중심에 둔다는 말이다. 하나님을 머리 중심에 두기만 하면 내 그림자는 감쪽같이 사라지는 은총을 맛보게 되어 있다.

불안과 근심과 걱정 그림자는 내가 그 무엇을 한다 해서 없어지는 것이 아니다. 오직 태양을 만나 내 머리 중심에 둘 때 비로소 그림자 없는 삶을 살 수 있는 것이다.

앞을 봐도 뒤를 둘러봐도 그림자다. 과거의 기억과 미래의 기대로부터 자유로운 삶, 즉 그림자 없는 삶은 머리 중심에 태양을 이고 있을 때만 비로소 살 수 있는 것이다.

사람으로 와서 꼭 해야 할 일이 있다면 낮 12시 정오를 만나는 것이다. 사람을 상대하고 세상을 상대하는 한 그림자로부터 자유로울 수 없다.

오직 하나님만을 상대하고 그 하나님을 머리 중심에 두고 나아갈 때 비로소 그림자 없이 나의 가야 할 길을 갈 수 있는 것이다.

군자시중(君子時中)

차렷! (동작 그만)

초등학교에 들어가면 제일 먼저 배우는 것이 무엇인가?

차렷이다.

우리 모두가 차렷부터 배웠고 그것은 지금도 그렇다.

차렷이 되어야 '앞으로 나란히'가 되고

차렷이 되어야 '쉬어'도 된다.

차렷이 되어야 '주목'이 되고

차렷이 되어야 '앞으로' 가도 된다.

차렷은 배움의 기본 중의 기본이다.

어른이 되어 군에 가서도 제일 먼저 배우는 것은 차렷이다.

차렷은 모든 훈련의 시작이고 군인 자세의 기본이다.

이리 뛰고 저리 뛰며 놀던 아이들을 배움의 자리로 들어오게 하는 첫 자리가 차렷이다.

각자 자기 식대로 살던 청년들을 군인으로 만드는 첫 자세가 차렷이다.

차렷이 되어야 그 다음에 무엇을 할 수 있다.

차렷이 되지 않으면 모래 위에 성을 쌓는 격이다.

우리들은 차렷을 잃어버렸고, 차렷을 할 줄 모른다. 초등학교나 군에 가서 배우는 차렷은 바깥에서 오는 차렷이다.

먼저, 몸을 스스로 '차렷!'을 할 줄 알아야 한다.

물론 군인 자세의 차렷이 아니니, 이것은 누워서도 가능하고 앉아서도 가능하다.

운전 중에도 할 수 있고, 식사 중에도 할 수가 있다. 언제든지 마음만 먹으면 스스로 차렷을 할 줄 알아야 한다.

앙명인중천지일(昻明人中天地一)

용화선궁龍華仙宮

무태현신無太玄神 백운白雲

얼굴이면 다 얼굴인가? 굴(窟)에 얼(빛)을 모르잖나. 알아야 면장(面長)을 하지. 교봉진불래출세(巧逢眞佛來出世)라. 가기양신불재래(佳期良辰不再來)라. 삼신(三神)할매 뫼셔다가, 성주(性主)님을 청(請)해다가 우리 숙제(宿題) 풀어 간다. 그가 얼굴 빛이시고 그가 얼굴 값이시니 백맥(百脈)이 모여 이뤘다네. 오기(五氣)가 모여 덕(德)이랬소. 삼화(三花)가 모여 단(丹) 되시사 너 나 없는 용화(龍華) 세상 대동(大同) 세계 주인일세. 이제 세상이 이쯤 되니 천당(天堂)이라 극락(極樂)이라 가고 올 일이 뭐 있겠나, 내 얼굴이 답(答)이로세.

일(一)로 천지 모두 꿴다. 내 이 하나(一)가 생명일세. 내 이 하나(一)가 자랑일세.

영산(靈山)이 되려는가, 명산(名山)이 되려는가. 하늘 향해 해를 향해 높이 높이 가까워라.

큰 강물이 되려는가, 대해수(大海水)가 되려는가. 작은 나를 깨어 부숴(碎) 우리 속에 들어가라.

백운(白雲)이 하늘 가까우니 빛과 구름 상서로워 요 내 삶이 요렁단다.

너와 내가 분별 없으니 인자(仁) 예(禮)가 아니겠나.

모두가 부처

당신이 부처, 내가 부처
해 달 별 지구가 부처,
어울려 활기 찬 온갖 생명들이 부처
우리는 한마음 꽃― 우담바라!

비어있음(空)이 참 모습이니 모든 이의 불성
빛나라

번뇌가 없으니 모든 이의 영혼
자유 평화로우리

서로 살림의 인연이니 모든 이의 사랑
행복하리

집착 없는 생활의 지혜, 자비이니
모든 이의 참 마음
이 세상 극락 세계 이루리.

'우담바라'는 번뇌가 없어 기쁨, 즐거움, 축복이 가득한
마음의 꽃으로서 참 행복을 말합니다.

선효(禪曉) 합장

사심가(死心歌)

1.

사심가(死心歌) 사심가(死心歌) 심능사료(心能死了) 쾌락다(快樂多)
칠규삼시(七竅三尸) 여불사(如不死) 천경만권(千經萬卷) 막여하(莫如何)

사심가, 사심가 마음이 죽을 수 있다면 얼마나 좋으냐. 칠규 삼시
가 죽지 않는다면, 천 경 만 권을 읽어도 어쩔 수 없네.

2.

염부지(念不止) 비장라(費張羅) 동분서치(東奔西馳) 각인타(却因他)
전념미식후념속(前念未息後念續) 일진인출(一塵引出) 중요마(衆妖
魔)

생각이 그치지 않으면, 헛되이 그물만 친다. 사방으로 분주하게 쏘
다니는 까닭이 거기에 있다. 앞 생각이 그치기도 전에 뒷생각이 잇
따르고, 한 티끌이 많은 요마를 이끌고 나온다.

3.

전불오(全不悟) 시수과(是誰過) 종일망망고분파(終日忙忙苦奔波) 직
도산궁수진처(直到山窮水盡處) 저재방수헐간과(這才放手歇干戈)

전연 깨치지 못하니 누구의 허물인가. 종일토록 바쁘고 수고하며
세파 따라 달리는데, 곧 산궁수진한 곳에 이르러서야, 겨우 간과를
놓고 숨을 돌린다.

개대환(皆大歡)
- 웃어야 산다

웃습니다 기쁩니다 난 알아요!
사람과 하늘과 자연과 우리가 하나일 때입니다.

행복이 무엇인지 여러분 아시나요?
행복이 좋아한건 웃음밖에 없답니다.

웃음은 힘입니다 웃음은 빛입니다.
웃음은 가치이고 웃음은 삶입니다.

웃어야 열리고요 웃어야 밝아지네.
웃어야 부자되고 웃어야 넉넉하네.

웃어야 복오도다 웃어야 잘되도다.
웃음은 자연이고 웃음은 사랑이고
웃음은 덕이로다 웃음은 진실일세.

웃는얼굴 환한얼굴 정이붙고 복이붙고
웃어야 서로좋고 웃어야 통한다네.

부모이몸 낳으시고 부모이몸 기르실제
자식사랑 애지중지 기쁨주고 희망주고

웃음가득 행복가득 해님처럼 달님처럼
광명양심 웃고살라 빌고 또 빌었다네.

웃고살면 행복님이 좋아라고 춤을추고
웃고살면 행복님이 힘이나서 날돕도다.

웃음도 내맘이고 행복도 내맘이고 나는웃음 길(道)입니다.
나는웃음 답(答)입니다.

만능기사 조화주 천백억의 화신자여
날믿으라 날따르라 그깊은뜻 뉘알을꼬.

물유본말(物有本末) 이름일세 사유종시(事有終始) 이름이요
군자시중(君子時中) 뜻이로다 군자무본(君子務本) 밝혔다네.

님이시고 당신이고 기둥이고 뿌리일세
비유하여 희고희어 심심산중 백도라지.

영이시고 얼이시고 진아실상 참어머니
만덕중선(萬德衆善) 공덕조(功德祖)요
만세영화(萬世榮華) 근원(根源)일세.

임이있어 내있도다 임이있어 내웃도다
날버리고 가실라요 십리못가 발병나요.

개방하(皆放下)

- 자연으로 돌아가라

웃음도 나입니다. 행복도 나입니다. 임의 웃음 이다지도 이고득락(離苦得樂) 시켜주고, 임의 웃음 이다지도 일체고난(一切苦難) 풀어주네.

성인구심(聖人求心) 무엇이고, 중생구불(衆生求佛) 무엇일꼬?

성리진전(性理眞傳) 심법진전(心法眞傳) 교외별전(敎外別傳) 무엇일까?

임은 본시 자유시고, 임은 본시 평화시고, 불생불멸(不生不滅)하시도다. 불증불감(不增不減)하시도다. 생육천지하시고요, 장양만물하시도다. 여시(如是)이고 여래(如來)이고 명덕(明德)이고 준덕(俊德)일세. 현빈(玄牝)이요, 현소(玄素)로다. 진아(眞我)자아(自我) 일원(一元)이요, 십자대가(十字大架) 소상제(小上帝)요, 영구적아(永久的我) 보리(菩提)로다.

날좀 보소 날좀 보소. 복덕원만 무불비(無不備)요, 나는 하하(哈哈) 소불(笑佛)일세. 자(慈)가 나의 성(性)이로다. 그 뿌리가 인성(人性)되사 각자 몸에 계시도다. 십승지(十勝地)에 미륵님은 이화(理化)시고 도화(道化)시고, 을궁(乙弓) 중에 미타불(彌陀佛)은 양심가를 노래하네. 행복 첫째 영화 첫째 모두 님의 조화로다.

임의 웃음 모두 좋고 임의 웃음 너나 없고 눈이 웃고 입 웃으니 귀는 쫑긋 코는 벌렁, 나도 절로 너도 절로 미륵자용 무량묘(無量妙)요.

임의 웃음 신통하고 옥호광명(玉毫光明) 거룩하네.

도(道) 높도다! 이(理) 깊도다! 정법안장(正法眼藏) 뉘 알을꼬?

이화(理化)요 도화(道化)요 순천리요 자위양심(慈爲良心) 구세주요. 천지인물 유무색공 임의 덕이 공평(公平)토다. 생명존중 자연보호 세계인류 자연사랑. 이제 만사 자연으로, 이제 만물 평화 향해. 임은 진경 심경이고 도덕 진리 양심불!

너도 주인 나도 주인. 지기소지(知其所知) 얼씨구나. "득지도호(得知道好) 득지도호(得知道好)" 능기소능(能其所能) 절씨구나. 어허(於許)요, 애해(哀解)야! 영판(靈盤) 좋네, 만수일본(萬殊一本)이 이것이여!

교봉진불(巧逢眞佛) 래출세(來出世)라, 가기양신(佳期良辰) 불재래(不再來)라. 천(天)이 주신 백도라지 춘생하장(春生夏長) 때 지나니 우리 이제 웃는다네. 우리 이제 배부르네. 농자천하대본(農者天下大本)이여 추수 때가 다되었네. 상천(上天)께서 명(命)하셨네. 자(慈)씨 미륵 오셨도다. 바보미륵 포대 메고 밤낮없이 하하하하 미륵미륵 양심불!

저심(低心)하고 하심(下心)하고 서로 너나 구별 않네. 일체구족 복덕원만 십승지(十勝地)에 미륵님!

너도 있네, 나도 있네. 우리 모두 양심불! 하하하하 큰웃음 세계 향해 갑니다. 임은 님은 웃음천사 온세계가 다 반기네. 너도 웃고 나도 웃고 우리 모두 행복 향해, 웃음세상 행복세상 세계인류 만만만세.

우리 모두 동성동본(同性同本) 천하일가(天下一家) 이룹니다. 우리 모두 동성동본(同性同本) 대동세계(大同世界) 이룹니다.

입은 사람 살린다네. 귀는 운명 바꾼다네. 일무소유 진아자아(眞我自我) 일(一) 지키라 수기자(守其雌), 하늘(天) 한얼(㲇) 하나님(兂)! 아는 사람 웃는다네. 찾은 사람 전한다네. 웃는 것이 길(道)입니다. 웃는 것이 답(答)이로세.

도법자연(道法自然)

도(道)가 세상을 구하고 사람을 살리니 누구나 스스로 이루고 저절로 된다. 어떤 일이나 사람을 앞세워 하기가 마땅치 않기에 하늘이 천명(天命)의 천도(天道)와 성명(性命)의 인성(人性)으로 세계를 이끌어 가려는 것이다.

-종교(五敎)는 구심점(求心點)이 같다. 한 집안이다.-

孔子 貫一 — 存心養性 — <上帝是臨>

宇宙萬象之體 우주만상지체
十方諸佛之母 십방제불지모
諸法緣起之源 제법연기지원
無量功德之始 무량공덕지시
無量智慧之根 무량지혜지근
無量妙行之本 무량묘행지본

乙을 乙을 中 弓궁 弓궁 十십 勝승 地지

以空爲我
이 공 위 아

快쾌	人인	靈령	佛불
向향	人인	山산	在재
靈령	有유	只지	靈령
山산	個개	在재	山산
塔탑	靈령	汝여	莫막
下하	山산	心심	遠원
修수	塔탑	頭두	求구

聖성	方방	誦송	經경
人인	文문	經경	典전
心심	是시	是시	是시
法법	喩유	喩유	喩유
喩유	藥약	誦송	藥약
藥약	性성	方방	方방
丸환	配배	文문	文문

釋迦 歸一 — 明心見性 — <如來如是>

曰大道曰上天 왈대도왈상천
曰眞如曰中庸 왈진여왈중용
曰法身曰實相 왈법신왈실상
尊曰無生老母 존왈무생노모
萬法由因緣生 만법유인연생
空不空非因緣 공불공비인연

大學道貫千秋而爲金鑑
대학도관천추이위금감

예수 親一 — 洗心移性 — <主여, 靈魂>

十字取至中一點靈竅通

性
谷

老子 守一 — 修心煉性 — <玄牝之門>

妙有不空眞空 묘유불공진공
空不空如來藏 공불공여래장
千經妙理難宣 천경묘리난선
萬典奧義難詮 만전오의난전
語默動靜常現 어묵동정상현
用不知現不覺 용불지현불각

中庸理應萬古則作丹根
중용이응만고즉작단근

利이 在재 田전 田전 道도 下하 止지

마호메트 返一 — 堅心定性 — <眞我自我>

無名相無踪跡 무명상무종적
有情無情以存 유정무정이존
也無始也無終 야무시야무종
天地萬物而生 천지만물이생
日月運行以成 일월운행이성
不爲主不爲宰 불위주불위재

以無爲有
이 무 위 유

眞진	金금	眞진	道도
金금	剛강	道도	德덕
眞진	經경	眞진	經경
剛강	上상	德덕	上상
我아	無무	在재	無무
聖성	金금	我아	道도
靈령	剛강	身신	德덕

天천	千천	佛불	以이
下하	擔담	佛불	心심
更갱	萬만	祖조	傳전
無무	荷하	祖조	心심
性성	皆개	唯유	是시
外외	放방	此차	何하
物물	下하	傳전	法법

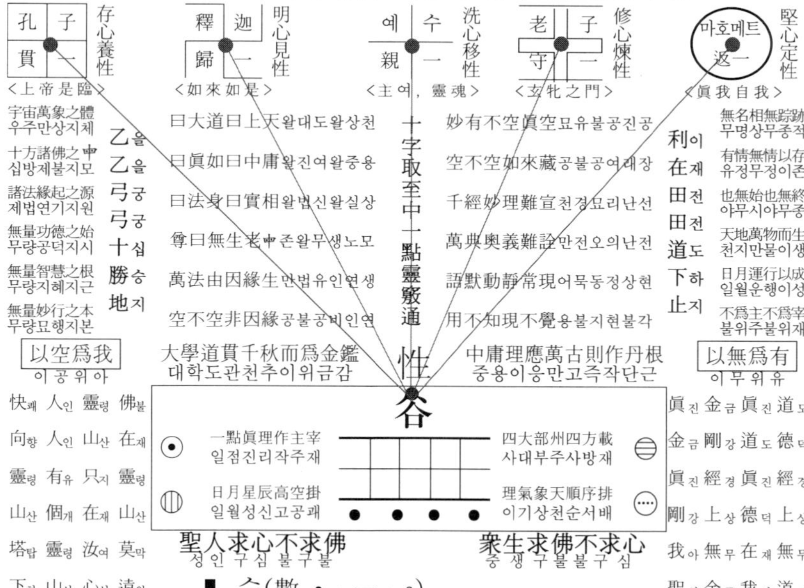

聖人求心不求佛
성인 구심 불구불

衆生求佛不求心
중생 구불불구심

■ 수(數 • • — • ○)

나[하나(一)]를 아는가?

一이란 무엇인가? 一은 하늘·땅·사람·만물의 근본이요, 그 이치는 어디에 있는가 하면, 주역에서 말하기를, 一은 건(하늘)이며, 건은 천(하늘)이니, 복희황제가 一획으로 하늘을 열었고, 공자도 一관이라고 한 말이 있으니, 유교에서는 집중관일, 불교에서는 만법귀일, 도교에서는 포원수일이라 하였으며, 노자는 '하늘은 一을 얻음으로써 맑으며, 땅은 一을 얻음으로써 편안하며, 신명은 一을 얻음으로써 신령스러우며, 사람은 一을 얻음으로써 거룩하여 성인 되며, 만물은 一을 얻음으로써 생한다'고 하셨으며, 수학에는 또, '一은 모든 수를 낳아 이루게 하고, 모든 수는 一에서부터 시작되느니, 一을 제쳐놓고서는 수를 이룰 수 없다'고 하였다. '一의 근본이 만가지 것으로 흩어지며, 만가지 것은 一의 근본으로 돌아간다'고 하였으니 미루어 생각하건대, 만사·만물이 모두 一을 떠나지 않는다고 말할 수 있고, 一은 곧 '도'라고 말한다.

인류의 사명

대자연을 사랑하는
당신의 사랑과 열정이
이 세상을 아름답게 만듭니다!

우리 인류의 사명은
인류 또한 대자연의 한 부분임을 알아
인간과 대자연이 화합하고 어우러져
행복하고 아름답고 원만하며 즐거운 가정,
평안하고 온화하며 번영하고 진보하는 사회,
창성하고 부유한 국가,
모두가 화합하며 평화롭고 풍요로운
대자연 낙원을 건설하는 것이다.

인디언들의 결혼 축시

이제 두 사람은 비를 맞지 않으리
서로가 서로에게
지붕이 되어 줄 테니까.

이제 두 사람은 춥지 않으리라
서로가 서로에게
따뜻함이 될 테니까.

이제 두 사람은 더 이상 외롭지 않으리라
서로가 서로에게
동행이 될 테니까.

이제 두 사람은 두 개의 몸이지만
두 사람 앞에는 오직
하나의 인생만이 있으리라.

이제 그대들의 집으로 들어가라
함께 있는 날들 속으로 들어가라
이 대지 위에서 그대들은 오랫동안 행복하리라.

한자가 답이다

초판 인쇄　2010년　8월　1일
초판 발행　2010년　8월　5일

편저자 · 서재하

펴낸이 · 임종대

펴낸곳 · 미래문화사

출판 등록 · 1976년 10월 19일 제3-44호

주소 · 서울시 용산구 효창동 5-421

전화 · 715-4507 / 713-6647

팩스 · 713-4805

e-메일 · mirae715@hanmail.net

홈페이지 · www.miraepub.co.kr

ISBN 978-89-7299-383-4　03700